中等职业学校公共基础课程配套用书

数 学

（基础模块）上册

学习指导与能力训练

主　　编：曹一鸣
分册主编：付　勇　黄奕农
分册副主编：郑常秀　李茂良
分册参编：陈　宇　李　恒　徐劲松　杨鹭佳　周艳玲

SHUXUE JICHU MOKUAI SHANGCE
XUEXI ZHIDAO YU NENGLI XUNLIAN

北京师范大学出版集团
BEIJING NORMAL UNIVERSITY PUBLISHING GROUP
北京师范大学出版社

图书在版编目(CIP)数据

数学(基础模块上册)学习指导与能力训练/曹一鸣，付勇，黄奕农主编．—4 版．—北京：北京师范大学出版社，2021.8
(2025.7 重印)
ISBN 978-7-303-27212-9

Ⅰ．①数…　Ⅱ．①曹…　②付…　③黄…　Ⅲ．①数学课－中等专业学校－教学参考资料　Ⅳ．①G634.603

中国版本图书馆 CIP 数据核字(2021)第 172607 号

出版发行：北京师范大学出版社 https://www.bnupg.com
　　　　　北京市西城区新街口外大街 12-3 号
　　　　　邮政编码：100088
印　　刷：天津旭非印刷有限公司
经　　销：全国新华书店
开　　本：889 mm×1194 mm　1/16
印　　张：12.25
字　　数：201 千字
版　　次：2021 年 8 月第 4 版
印　　次：2025 年 7 月第 31 次印刷
定　　价：28.00 元(含试卷)

策划编辑：林　子　余娟平　　　　责任编辑：马力敏
美术编辑：焦　丽　　　　　　　　装帧设计：焦　丽
责任校对：陈　民　　　　　　　　责任印制：赵　龙

21. 已知函数 $f(x)=a-b\sin x(b>0)$的最大值是 5，最小值是 1.

(1)求 a 和 b 的值；

(2)求函数 $f(x)$的单调递增区间；

(3)若 $\cos\alpha=-\frac{3}{5}$，$\alpha\in\left(\frac{\pi}{2},\pi\right)$，求 $f(\alpha)$的值.

22. 电子商务专业的小杨同学帮助家乡某农户推销某种农产品，成本为 50 元/kg，通过市场调研发现，每月销售量 y(kg)与销售单价 x(元/kg)之间是一次函数关系，如图所示.

(1)写出 y 与 x 的函数关系，并写出 x 的取值范围；

(2)当每月销售价格定为多少元时，该农户获得的月利润最大，最大月利润是多少元？(提示：月利润=月销售总额－销售总成本)

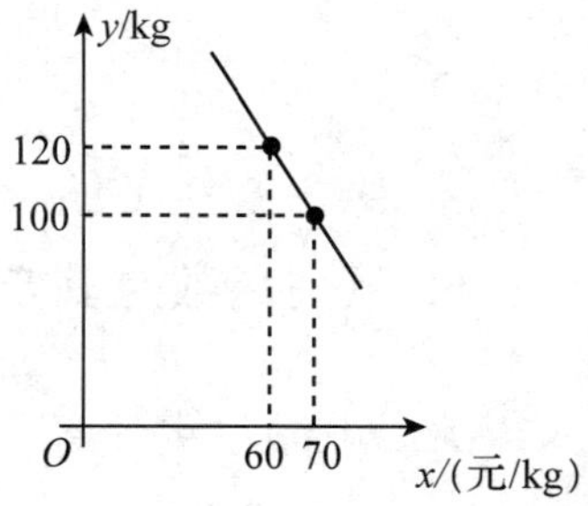

第 22 题图

期末测试卷(水平二)

班级________姓名________座号________

(90 分钟，满分 100 分)

一、选择题(共 13 小题，每小题 4 分，共 52 分．在每个小题给出的四个备选项中，只有一项最符合题目要求的)

1. 下列表述中正确的是(　　).

A. $0=\varnothing$　　B. $0\in\varnothing$　　C. $\{0\}=\varnothing$　　D. $\varnothing\subsetneqq\{0\}$

2. 不等式$-x^2+3x+4>0$的解集为(　　).

A. $(-1, 4)$　　B. $(-4, 1)$

C. $(-\infty, -4)\cup(1, +\infty)$　　D. $(-\infty, -1)\cup(4, +\infty)$

3. 若集合$\{a\}\subseteq A\subsetneqq\{a, b, c\}$，则满足条件的集合 A 有(　　).

A. 1 个　　B. 2 个　　C. 3 个　　D. 4 个

4. 函数 $f(x)=\begin{cases}\left(\dfrac{1}{3}\right)^x, & x\leqslant 0,\\ \log_2 x, & 0<x\leqslant 1,\\ 2, & x>1,\end{cases}$ 则 $f(-1)+f\left(\dfrac{1}{2}\right)+f(2)=$(　　).

A. -2　　B. $\dfrac{1}{2}$　　C. $\dfrac{2}{3}$　　D. 4

5. 下列函数在其定义域内是奇函数的是(　　).

A. $f(x)=e^x+e^{-x}$　　B. $f(x)=\dfrac{2^x+1}{2^x-1}$

C. $f(x)=3x+7$　　D. $f(x)=\sin x+1$

6. 下列大小关系错误的是(　　).

A. $3.3^{-0.6}<3.3^{-0.7}$　　B. $0.6^{-1.8}<0.6^{-1.9}$

C. $0.6^{0.8}<1$　　D. $\log_{0.3}5>\log_{0.3}6$

7. 若偶函数 $f(x)$的图像经过点$(5, 1)$，且在区间$[0, +\infty)$上单调递增，若 $f(x)\leqslant 1$，则 x 的取值范围是(　　).

A. $[-1, 1]$　　B. $[-5, 5]$

C. $(-\infty, -1]\cup[1, +\infty)$　　D. $(-\infty, -5]\cup[5, +\infty)$

21.(本小题 8 分，第(1)小问 2 分，第(2)小问 4 分，第(3)小问 2 分)

已知 $\sin\alpha=\frac{4}{5}$，$\alpha\in\left(0,\ \frac{\pi}{2}\right)$.

(1)求 $\sin(3\pi+\alpha)$的值；

(2)求 $\cos\alpha$ 的值；

(3)求 $\tan\alpha$ 的值.

22.(本小题 8 分，第(1)小问 3 分，第(2)小问 5 分)

定义一种运算 $a*b=a\sin\alpha+b$，$c\triangle d=c\cos\alpha+d$，其中 a，b，c，$d\in\mathbf{R}$.

(1)若 $\alpha=\frac{\pi}{6}$，求 $3*1$ 的值；

(2)若点 $P(-3,\ 4)$是角 α 终边上的一点，求 $10\triangle(-1)$的值.

期末测试卷(水平一)

班级________姓名________座号________

(90 分钟，满分 100 分)

一、选择题(共 13 小题，每小题 4 分，共 52 分．在每个小题给出的四个备选项中，只有一项最符合题目要求的)

1. 某中职学校实行综合课程改革，开展了各种社团活动，小张参加了乒乓球、唱歌和演讲三个社团，小李参加了唱歌和田径两个社团，那么小张、小李都参加的社团组成的集合是(　　).

A. $\varnothing$　　　　B. {唱歌}

C. {乒乓球，唱歌，演讲}　　　　D. {乒乓球，唱歌，演讲，田径}

2. 不等式 $x^2+2x-3\leqslant 0$ 的解集为(　　).

A. $[-1, 3]$　　　　B. $[-3, 1]$

C. $(-\infty, -1]\cup[3, +\infty)$　　　　D. $(-\infty, -3]\cup[1, +\infty)$

3. 在瓶装饮用水包装上一般都有饮用天然水特征性指标，如图所示，其中 pH(25℃)7.3±0.5 指的是饮用水的 pH 范围，若饮用水的 pH 的实际值用 x 来表示，则 x 所满足的不等式是(　　).

A. $|x-0.5|\leqslant 7.3$　　　　B. $|x-0.5|\geqslant 7.3$

C. $|x-7.3|\leqslant 0.5$　　　　D. $|x-7.3|\geqslant 0.5$

饮用天然水特征性指标	
每100 mL含量(μg/100 mL)	
钙	≥400
镁	≥50
钾	≥10
钠	≥10
偏硅酸	≥150
pH（25 ℃）7.3±0.5	

第 3 题图

4. 某奇函数的定义域为$(-\infty, +\infty)$，且在区间$(0, +\infty)$上是增函数，则符合此条件的函数是(　　).

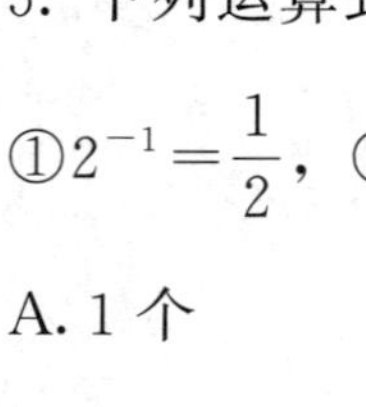

A.

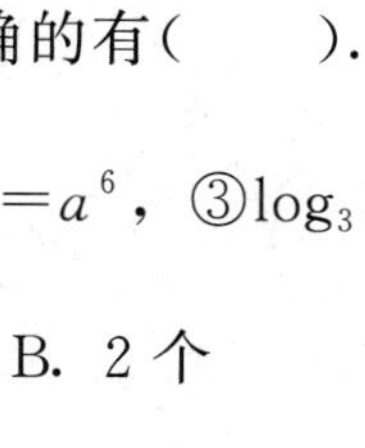

B.

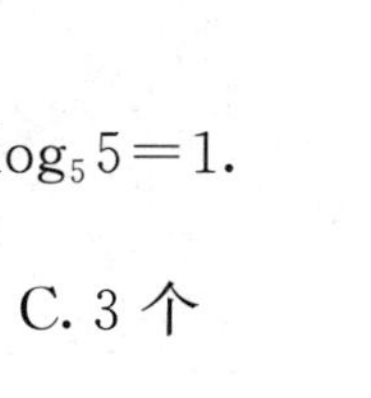

C.

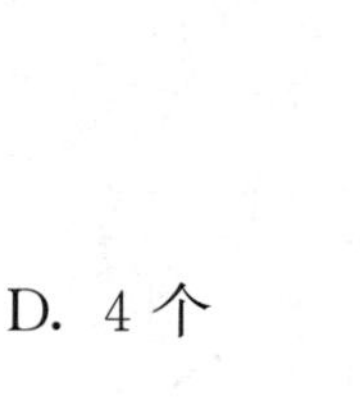

D.

5. 下列运算式中，正确的有(　　).

①$2^{-1}=\frac{1}{2}$，②$(-a^3)^2=a^6$，③$\log_3 1=0$，④$\log_5 5=1$.

A. 1 个　　　　B. 2 个　　　　C. 3 个　　　　D. 4 个

22. 如图所示，在$\triangle ABC$中，$\angle C$是直角，$AC=60$ cm，$BC=40$ cm，点M由点C向点B方向以 2 cm/s 的速度移动，同时点N由点A向点C方向以 3 cm/s 的速度移动.

(1)设点M，N的运动时间是x s，写出四边形$ABMN$的面积y与x的函数关系式，并求x的取值范围；

(2)当运动时间为多少秒时，四边形$ABMN$的面积最小？最小面积是多少？

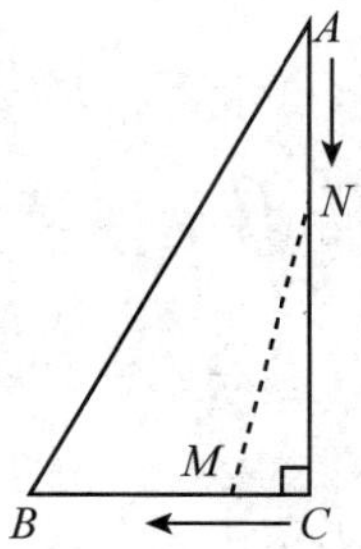

第 22 题图

期中测试卷(水平二)

班级________姓名________座号________

(90 分钟，满分 100 分)

一、选择题(共 13 小题，每小题 4 分，共 52 分．在每个小题给出的四个备选项中，只有一项最符合题目要求)

1. 已知集合 $P=\{x \mid m<1\}$，且 $m=4$，则下列表述正确的是(　　).

A. $m\notin P$　　B. $\{m\}\in P$　　C. $m\subseteq P$　　D. $\{m\}\subseteq P$

2. 集合$\{-1, 0, 1, 2, 3\}$，用数学语言描述正确的是(　　).

A. $\{x \mid -1\leqslant x\leqslant 3\}$　　B. $\{x \mid -1\leqslant x\leqslant 3, x\in \mathbf{Z}\}$

C. $\{x \mid -1\leqslant x\leqslant 3, x\in \mathbf{Q}\}$　　D. $\{x \mid -1\leqslant x\leqslant 3, x\in \mathbf{N}\}$

3. 若 a，b，c，d 均为实数，且 $a>b$，则下列不等式一定成立的是(　　).

A. $a^2>b^2$　　B. $a+c>b+d$　　C. $\dfrac{1}{a}<\dfrac{1}{b}$　　D. $a-c>b-c$

4. 若函数 $f(x)=\dfrac{3}{x}$，则 $f(\mathrm{e})=$(　　).

A. $\dfrac{1}{\mathrm{e}}$　　B. $\dfrac{3}{\mathrm{e}^2}$　　C. $\dfrac{3}{\mathrm{e}}$　　D. $\dfrac{1}{\mathrm{e}^2}$

5. 不等式 $3|x-1|>15$ 的解集为(　　).

A. $\{x \mid -4<x<6\}$　　B. $\{x \mid x>6\}$

C. $\{x \mid x<-4$ 或 $x>6\}$　　D. $\{x \mid x<-4\}$

6. 下列函数在定义域内既是奇函数又是增函数的是(　　).

A. $y=\dfrac{2}{x}$　　B. $y=4x$　　C. $y=3x^2$　　D. $y=-\dfrac{1}{2}x$

7. 已知二次函数 $f(x)=x^2-2x+6$，则下列说法正确的是(　　).

A. 在区间$(-\infty, +\infty)$上是增函数　　B. 在区间$(-\infty, 2]$上是增函数

C. 在区间$(-\infty, 5]$上是减函数　　D. 在区间$[1, +\infty)$上是增函数

8. 已知函数 $f(x)=\dfrac{\sqrt{2+x-x^2}}{2-x}$，则它的定义域为(　　).

A. $[-1, 2)$　　B. $(-\infty, -1]$　　C. $(-1, 2)$　　D. $(2, +\infty)$

21. 已知函数 $f(x)=\begin{cases}2x+1, & x<0,\\ x^2-2, & x\geqslant 0.\end{cases}$

(1)求 $f(-1)$，$f(0)$，$f(4)$的值；

(2)函数 $f(x)$的图像如图所示，当 $f(x)>-1$ 时，求 x 的取值范围．

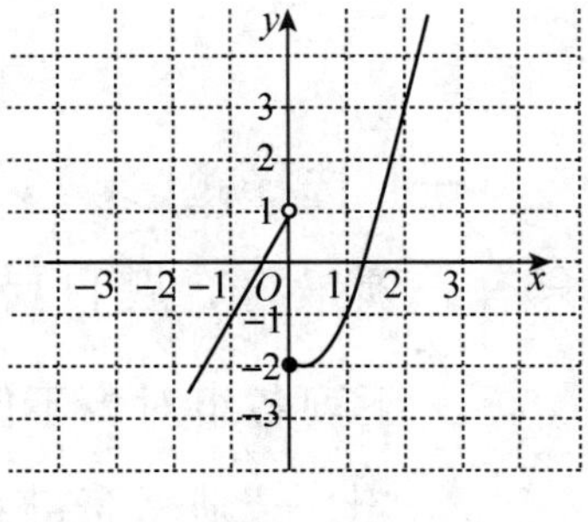

第 21 题图

22. 某景区售卖某纪念品，在旅游旺季发现以最低单价 15 元销售，每天可以卖出 300 件；若销售单价每提高 1 元，则日销售量减少 10 件，设日销售单价为 x(元/件)时，销售额为 y(元).

(1)写出 y 与 x 的函数关系式；

(2)为了使该纪念品在旅游旺季每天销售额不低于 5 000 元，则该纪念品的销售单价 x 的取值范围是多少？

期中测试卷(水平一)

班级________姓名________座号________

(90 分钟，满分 100 分)

一、选择题(共 13 小题，每小题 4 分，共 52 分．在每个小题给出的四个备选项中，只有一项最符合题目要求)

1. 下列各组对象不能构成集合的是(　　).

A.“七一”勋章获得者　　B. 中国空间站首批宇航员

C. 参加 2020 年东京奥运会的中国运动员　　D. 不怕吃苦的人

2. 已知集合 $A=\{1, 2, 3\}$，集合 A 与集合 B 的关系如图所示，则集合 B 可能是(　　).

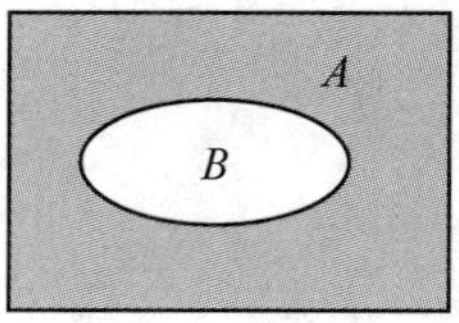

第 2 题图

A. $\{1, 2\}$　　B. $\{1, 2, 4\}$

C. $\{2, 3, 4\}$　　D. $\{1, 2, 3, 4\}$

3. 祝融号火星车表层探测雷达，次表层探测雷达可以探测火星土壤的地下分层和厚度．它包含两个通道，低频通道(15～95 MHz 含两端值)可以穿透 10～100 m 的深度(空间分辨率为几米，含两端值)；高频通道(0.45～2.15 GHz，含两端值)可以穿透 3～10 m 的深度(空间分辨率为几厘米，含两端值)．其中低频通道可以穿透的深度用区间表示正确的是(　　).

A. $(10, 100)$　　B. $[10, 100]$　　C. $(3, 10)$　　D. $[3, 10]$

4. 不等式为 $|1-2x|>3$ 的解集为(　　).

A. $(-1, 2)$　　B. $(-2, 2)$

C. $(-\infty, -1)\cup(2, +\infty)$　　D. $(-\infty, -2)\cup(2, +\infty)$

5. 一元二次不等式 $ax^2+bx+c<0$ 的解集为 $\{x \mid -2<x<4\}$，则二次函数 $y=ax^2+bx+c$ 的大致图像为(　　).

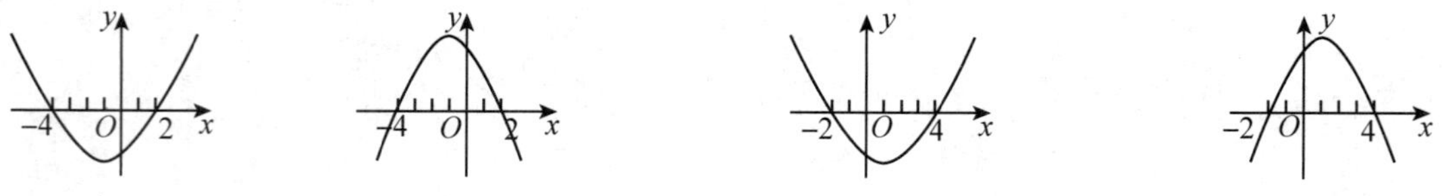

A.　　B.　　C.　　D.

6. 下列结论正确的是(　　).

A. 若 $a>b$，$c>b$，则 $a>c$　　B. 若 $a>b$，则 $ac>bc$

C. 若 $a>b$，$c>d$，则 $a-c>b-d$　　D. 若 $a>b$，$c>d$，则 $a+c>b+d$

2. $\sin(-60°)+\cos 225°+\tan 240°=$ ____________.

3. 若扇形的圆心角为$\frac{\pi}{3}$，半径为 6 cm，则此扇形的面积为____________cm^2.

4. 比较大小：$\sin\frac{2\pi}{5}$____________$\sin\frac{4\pi}{5}$.

5. 函数 $y=3-\cos x$ 的最大值为____________.

三、解答题(第 1 题 12 分，第 2，3 题各 14 分，共 40 分)

1. 已知 $A(-5, 12)$，点 A 关于 x 轴的对称点 B 恰好在角 α 的终边上，求 $2\sin\alpha-3\cos\alpha$ 的值.

2. 设 α 为第二象限角，且 $\sin\alpha=\frac{4}{5}$，求$\frac{\sin(\pi+\alpha)+2\cos(3\pi-\alpha)}{\sin(4\pi-\alpha)-3\cos(2\pi+\alpha)}$的值.

3. 求满足 $\cos 2x=-\frac{1}{2}(0°\leqslant x\leqslant 180°)$的角 x 的值.

第五单元测试卷(一)

班级________姓名________座号________

(45 分钟，满分 100 分)

一、选择题(每小题 6 分，共 30 分)

1. 与 50°角终边相同的角组成的集合为(　　).

A. $\{x \mid x=50°-k\cdot 180°,\ k\in\mathbf{Z}\}$

B. $\{x \mid x=50°+k\cdot 360°,\ k\in\mathbf{N}\}$

C. $\{x \mid x=50°+k\cdot 180°,\ k\in\mathbf{Z}\}$

D. $\{x \mid x=50°+k\cdot 360°,\ k\in\mathbf{Z}\}$

2. 150°角用弧度制表示为(　　).

A. $\frac{\pi}{6}$　　B. $\frac{5\pi}{3}$　　C. $\frac{4\pi}{3}$　　D. $\frac{5\pi}{6}$

3. 已知 $\alpha\in\left(\pi,\ \frac{3\pi}{2}\right)$，则角 α 是第(　　)象限角.

A. 一　　B. 二　　C. 三　　D. 四

4. $\sin 1\,110°$的值是(　　).

A. $-\frac{1}{2}$　　B. $\pm\frac{1}{2}$　　C. $\frac{1}{2}$　　D. $-\frac{\sqrt{3}}{2}$

5. 下列区间上使 $y=\sin x$ 和 $y=\cos x$ 同为增函数的是(　　).

A. $\left[0,\ \frac{\pi}{2}\right]$　　B. $\left[\frac{\pi}{2},\ \pi\right]$

C. $\left[\pi,\ \frac{3\pi}{2}\right]$　　D. $\left[\frac{3\pi}{2},\ 2\pi\right]$

二、填空题(每小题 6 分，共 30 分)

1. 若 $\sin\theta>0$，且 $\tan\theta<0$，则 θ 是第__________象限角.

2. 已知 α 的终边上一点 $P(2,\ -5)$，那么 $\sin\alpha=$__________.

3. $\sin^2 99°+\cos^2 99°+\tan\frac{\pi}{3}=$__________.

4 设 $\tan\alpha=3$，则 $\frac{3\sin\alpha+\cos\alpha}{4\sin\alpha-2\cos\alpha}=$__________.

5. 比较大小：$\cos\frac{2\pi}{5}$__________$\cos\frac{3\pi}{5}$.

5. 指数函数 $f(x)=a^x$ 的图像过点$(-2, 9)$，则 $f(-4)=$________.

三、解答题(第 1 题 12 分，第 2，3 题各 14 分，共 40 分)

1. 计算：$3^{-2}+\ln e-\lg 0.1+\log_6 2-\log_6 12$.

2. 已知函数 $f(x)=a^x(a>0$，且 $a\neq 1)$的图像过点$\left(2, \frac{1}{4}\right)$.

(1)求 a 的值；

(2)若 $a^{x+2}<a^{x^2}$，求 x 的取值范围.

3. 已知函数 $f(x)=\log_6(x^2-3x-4)-m$，且 $f(-2)=3$.

(1)求 m 的值；

(2)求函数 $f(x)$的定义域.

第四单元测试卷(一)

班级________姓名________座号________

(90 分钟，满分 100 分)

一、选择题(每小题 6 分，共 30 分)

1. $-\sqrt{9}$的值是(　　).

A. 0　　B. 3　　C. -3　　D. ± 3

2. 函数 $y=5^{x}$ 的定义域为(　　).

A. $\varnothing$　　B. $(0, +\infty)$　　C. $(-\infty, 0)$　　D. $(-\infty, +\infty)$

3. 函数 $y=\left(\frac{1}{6}\right)^{x}$ 的大致图像是(　　).

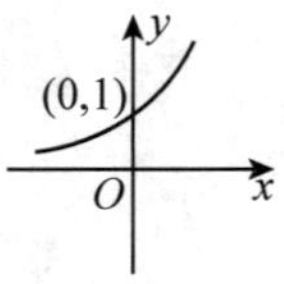

A.

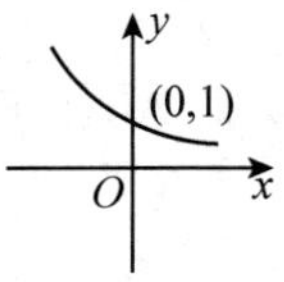

B.

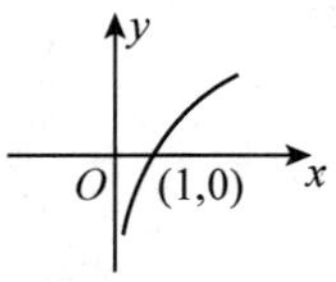

C.

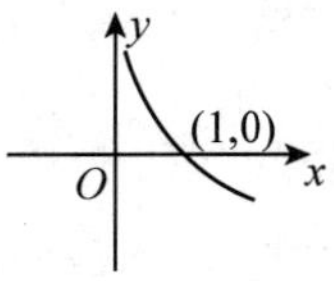

D.

4. 已知 $\lg x=-3$，则 $x=$(　　).

A. -3　　B. e^{-3}　　C. 10^{-3}　　D. $(-3)^{e}$

5. 计算：$\log_{3}81-\log_{3}27=$(　　).

A. 1　　B. 3　　C. $\log_{3}54$　　D. 9

二、填空题(每小题 6 分，共 30 分)

1. 根式$\sqrt[4]{n^{9}}$化成分数指数幂为________，$a^{\frac{7}{4}}$化成根式为________.

2. 若函数 $f(x)=(n-1)^{x}$ 在 **R** 上是减函数，则 n 的取值范围是________.

3. 已知 $f(x)=4^{x}$，则 $f(-3)=$________.

4. 计算：$\log_{7}\sqrt{7}=$________.

5. 函数 $f(x)=\log_{6}(2x+4)$的定义域是________.

5. 偶函数 $f(x)$ 在区间 $(0, +\infty)$ 上是减函数，且 $f(2)=0$. 若 $f(x)>0$，则 x 的取值范围是________.

三、解答题（第 1 题 12 分，第 2，3 题各 14 分，共 40 分）

1. 已知二次函数 $f(x)=x^2+(k-2)x+4$.

(1)若 $f(x)$ 是偶函数，求 k 的值；

(2)若函数 $f(x)$ 在区间 $(-\infty, -1]$ 上是减函数，且在 $[-1, +\infty)$ 上是增函数，求 k 的值；

(3)当 $x\in \mathbf{R}$ 时，$f(x)>0$，求 k 的取值范围.

2. 小王开车回家，先在高速路上匀速行驶 1 h，再在乡村公路上匀速行驶 0.5 h，其行驶的路程 y(km)与时间 x(h)的函数关系，如图所示.

(1)写出函数的定义域；

(2)用解析法表示函数 $y=f(x)$；

(3)当出发 1.3 h 后，小王总行程是多少千米？

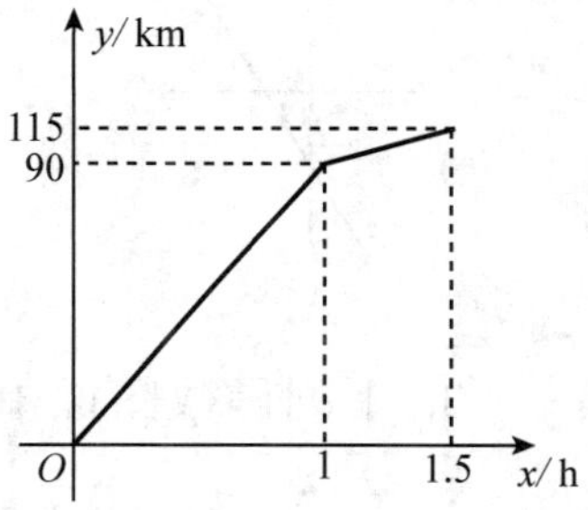

第 2 题图

3. 某企业生产销售某种产品，其平均每件成本单价 y(元)与销售量 x(件)的函数关系如图所示，销售单价 P(元)与销售量 x(件)的函数关系是 $P=-0.5x+100$. 该企业每天最多销售 90 件产品.

(1)用解析法表示函数 $y=f(x)$；

(2)设销售产品 x(件)的利润为 w(元)，用解析法表示函数 $w=f(x)$；

(3)请问当每天销售量为多少件时，该企业销售所获得的利润最大？最大利润是多少？

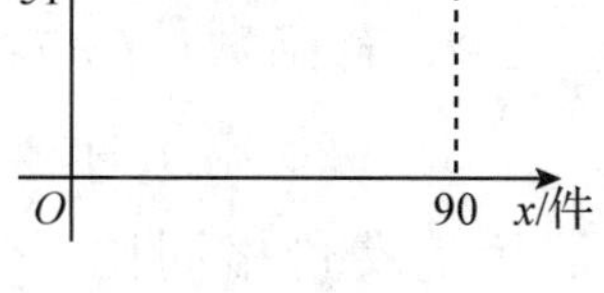

第 3 题图

第三单元测试卷(一)

班级________姓名________座号________

(90 分钟，满分 100 分)

一、选择题(每小题 6 分，共 30 分)

1. 某人向汽车空油箱里匀速加油，每分钟加入全油箱的$\frac{1}{3}$，则汽车油箱中油的体积 y 与时间 x 的函数关系正确的是(　　).

A. $y=\frac{1}{3}x$　　B. $y=\frac{1}{3}x$，$x\leqslant 3$　　C. $y=\frac{1}{3}x$，$0\leqslant x\leqslant 3$　　D. $y=3x$，$0\leqslant x\leqslant 3$

2. 下列函数图像中，为减函数的图像是(　　).

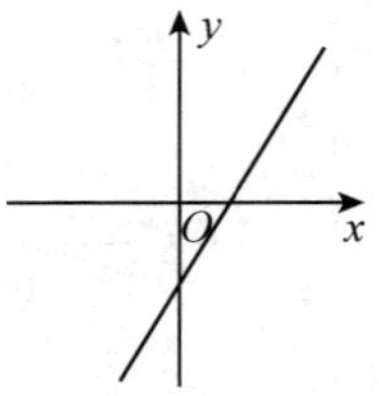

A.

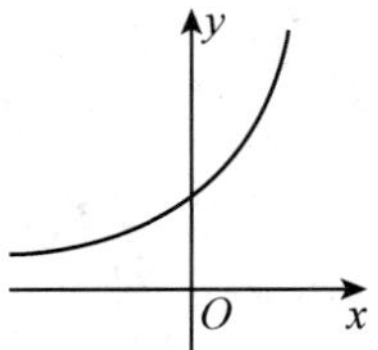

B.

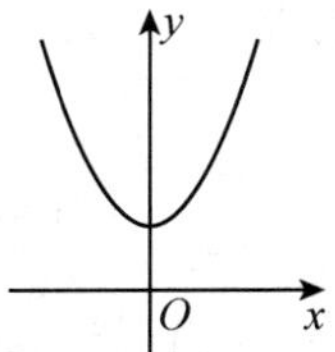

C.

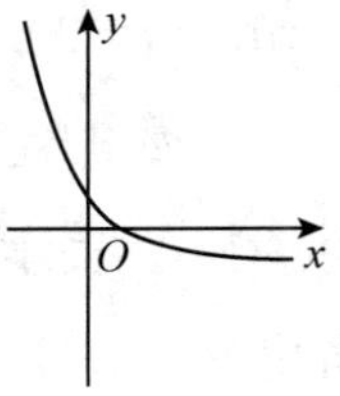

D.

3. 下列函数图像中，为奇函数的图像是(　　).

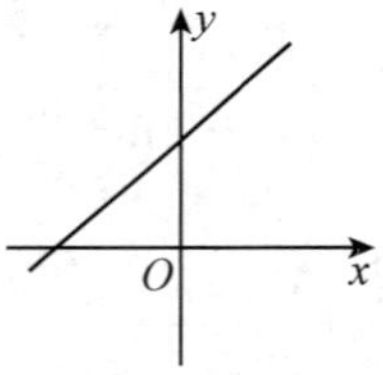

A.

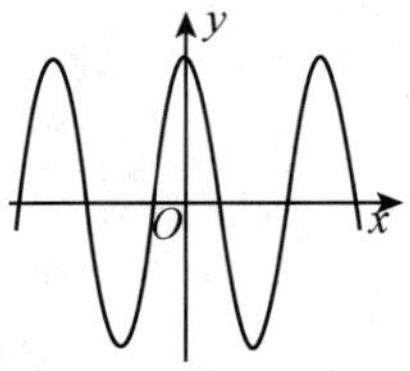

B.

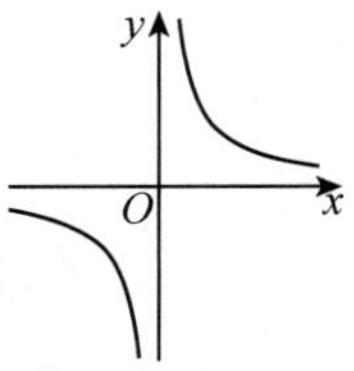

C.

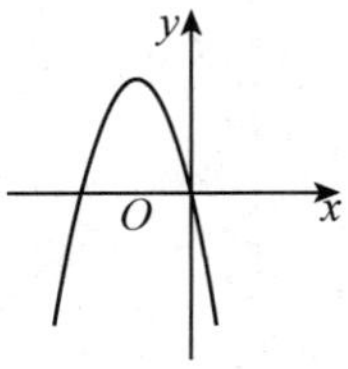

D.

4. 若点(2，−1)在偶函数 $f(x)$的图像上，则一定也在该图像上的点是(　　).

A. (2，1)　　B. (−1，2)　　C. (−2，−1)　　D. (−2，1)

5. 函数 $f(x)=\begin{cases}4x-3, & x<0,\\ x^2+1, & x\geqslant 0,\end{cases}$ 则 $f(-2)+f(3)=$(　　).

A. −1　　B. 1　　C. 14　　D. 15

二、填空题(每小题 6 分，共 30 分)

1. 若函数 $f(x)$在区间$(-\infty,+\infty)$上是减函数，则 $f(-3)$________$f(1)$. (填“<”“>”“=”)

2. 若函数 $f(x)$在区间$(-\infty,+\infty)$上是奇函数，且 $f(-6)=13$，则 $f(6)=$________.

3. 2020 年 1 月至 12 月，全国居民消费价格同比变化情况随时间的变化情况如图所示，则居民消费价格同比(%)变化情况是时间(月)的函数，其中增区间是________.

3. 不等式$\frac{4-2x}{3}>1-\frac{x-3}{4}$的解集为________.

4. 不等式$|3x-1|\leqslant 5$的整数解组成的集合是________.

5. 设$x\neq 0$，那么$(x^2+1)^2$ ________ x^4+x^2+1.(填“$<$”“$>$”“$=$”)

三、解答题(第 1 题 12 分，第 2，3 题各 14 分，共 40 分)

1. 已知集合$A=\{x \mid (x-1)^2<4\}$，$B=\{x \mid |x+1|\geqslant 1\}$，求$A\cap B$，$A\cup B$.

2. 已知二次函数$y=x^2+2x+5$，若对任意实数x，$y\geqslant(m+2)x-m-3$恒成立，求m的取值范围.

3. 某工厂生产某零件，已知该零件的售价m(元/件)与月销量x(件)之间的函数关系为$m=120-x$，月总成本a(元)与月销量x(件)之间的函数关系为$a=500+30x$，当该工厂销量x为多少时，所得利润不少于 1 300 元?

第二单元测试卷(一)

班级________姓名________座号________

(45 分钟，满分 100 分)

一、选择题(每小题 6 分，共 30 分)

1. 如果 $a<b$，且 $ac<bc$，那么(　　).

A. $c>0$　　B. $c<0$　　C. $c=0$　　D. $c\geqslant 0$

2. 不等式 $|x+1|<3$ 的解集为(　　).

A. $[-2,\ 4]$　　B. $[-4,\ 2]$　　C. $(-2,\ 4)$　　D. $(-4,\ 2)$

3. 不等式 $4x-x^2<-5$ 的解集为(　　).

A. $(-5,\ 1)$　　B. $(-\infty,\ -1)\cup(5,\ +\infty)$

C. $(-1,\ 5)$　　D. $(-\infty,\ -5)\cup(1,\ +\infty)$

4. 设 $x>0$，则 $(x+1)^2$ 与 x^2+x+1 的大小关系是(　　).

A. $(x+1)^2<x^2+x+1$　　B. $(x+1)^2=x^2+x+1$

C. $(x+1)^2>x^2+x+1$　　D. 不能确定

5. 设集合 $A=(-4,\ 2)$，$B=(0,\ 3)$，则 $A\cup B=$(　　).

A. $(-4,\ 3)$　　B. $(0,\ 2)$

C. $(-4,\ 0)$　　D. $(2,\ 3)$

二、填空题(每小题 6 分，共 30 分)

1. 若 $a>b$，则 $a-6$ ________ $b-6$.(填“$<$”“$>$”“$=$”)

2. 集合 $\{x \mid -2\leqslant x\leqslant 8\}$ 用区间表示为________.

3. 不等式 $(x+2)(x-1)<0$ 的解集为________.

4. 不等式 $3|x|-2\geqslant 4$ 的解集为________.

5. 设全集 $U=\mathbf{R}$，集合 $A=(-\infty,\ 2)$，则 $\complement_U A=$________.

三、解答题(每小题各 10 分，共 40 分)

1. 设全集 $U=\{x\in \mathbf{N}_{+} \mid x\leqslant 8\}$，集合 $A=\{2, 4, 8\}$，$A\cap B=\{4\}$，求 $\complement_U A$，$\complement_U(A\cap B)$.

2. 已知全集 $U=\mathbf{R}$，集合 $A=\{x \mid x\geqslant 0\}$，$B=\{x \mid x\leqslant -3\}$，求 $\complement_U(A\cup B)$.

3. 已知集合 $A=\{(x, y) \mid 2x+3y=12\}$，$B=\{(x, y) \mid x-y=1\}$，求 $A\cap B$.

4. 设集合 $A=\{x \mid x^2-2x-3=0\}$，$B=\{x \mid x-a=0\}$，且 $B\subseteq A$，求 a 的值.

第一单元测试卷(一)

班级________姓名________座号________

(45 分钟，满分 100 分)

一、选择题(每小题 6 分，共 30 分)

1. 已知集合 $A=\{2, 3\}$，$B=\{3, 4\}$，则 $A\cap B=$(　　).

A. $\{2, 3\}$　　B. $\{3\}$　　C. $\{3, 4\}$　　D. $\{2, 3, 4\}$

2. 已知集合 $A=\{0, 1\}$，$B=\{1, 2\}$，则 $A\cup B=$(　　).

A. $\{1\}$　　B. $\{0, 1\}$

C. $\{1, 2\}$　　D. $\{0, 1, 2\}$

3. 已知全集 $U=\{1, 2, 3, 4, 5\}$，集合 $A=\{2, 4\}$，则 $\complement_U A=$(　　).

A. $\varnothing$　　B. $\{2, 4\}$

C. $\{1, 3, 5\}$　　D. $\{1, 2, 3, 4, 5\}$

4. 集合$\{1, 2, 3\}$的真子集的个数是(　　).

A. 8　　B. 7　　C. 16　　D. 15

5. 已知集合 $A=\{x \mid x>-1\}$，$B=\{x \mid x\leqslant 2\}$，则 $A\cap B=$(　　).

A. $\{x \mid x>-1\}$　　B. $\{x \mid -1<x\leqslant 2\}$

C. $\{x \mid -1<x<2\}$　　D. $\mathbf{R}$

二、填空题(每小题 6 分，共 30 分)

1. 已知集合 $A=\{a, b, c\}$，$B=\{b, c\}$，则 $A\cap B=$________.

2. “倒数等于它本身的数”组成的集合可表示为________.

3. 设全集 $U=\{x\in \mathbf{N}_+ \mid x\leqslant 6\}$，集合 $A=\{2, 4\}$，则 $\complement_U A=$________.

4. “被 5 整除的数”组成的集合可表示为________.

5. 下列表述中，①$\varnothing\notin\{0\}$；②$\{2\}\subsetneqq\{x \mid (x-2)(x+3)=0\}$；③$\varnothing=\{x \mid x^2+1=0\}$；④$\{2\}\in\{2, 3, 4\}$. 其中正确的是________.

三、解答题(第 1 题 12 分，第 2，3 题各 14 分，共 40 分)

1. 用适当的方法表示下列集合 .

(1)不大于 10 的自然数；

(2)方程组$\begin{cases}x-y=0,\\2x+y=3\end{cases}$的解集 .

2. 已知集合 $A=\{x \mid 1<x<4\}$，$B=\{x \mid x>3\}$，求 $A\cap B$，$A\cup B$.

3. 已知集合 $A=\{4, 2x-1\}$，$B=\{4, 1\}$，$9\in A\cup B$.

(1)求 x 的值；

(2)求 $A\cap B$.

第一单元测试卷(二)

班级________姓名________座号________

(45 分钟，满分 100 分)

一、选择题(每小题 6 分，共 30 分)

1. 已知全集 $U=\{x \mid x\leqslant 5, x\in \mathbf{N}\}$，若 $\complement_U A=\{1, 3\}$，则 $A=$(　　).

A. $\{1, 3\}$　　B. $\{2, 4, 5\}$

C. $\{0, 2, 4, 5\}$　　D. $\varnothing$

2. 已知集合 $A=\{-2, -1, 0\}$，$B=\{0, 1, 2\}$，则 $A\cup B$ 的元素的个数为(　　).

A. 1　　B. 3　　C. 5　　D. 6

3. 下列表示方程 $(x+1)(x-2)(x-3)=0$ 的解集中，不正确的是(　　).

A. $\{-1, 2, 3\}$　　B. $\{3, -1, 2\}$

C. $\{x \mid (x+1)(x-2)(x-3)=0\}$　　D. $\{(-1, 2, 3)\}$

4. 设集合 $M=\{m \mid m\geqslant 3\sqrt{2}\}$，$x=2\sqrt{5}$，则下列关系中正确的是(　　).

A. $x\subseteq M$　　B. $x\notin M$　　C. $\{x\}\in M$　　D. $\{x\}\subseteq M$

5. 方程组 $\begin{cases} 2x-y=1, \\ x+2y=8 \end{cases}$ 的解集为(　　).

A. $\{2, 3\}$　　B. $\{(2, 3)\}$　　C. $(2, 3)$　　D. $\{(3, 2)\}$

二、填空题(每小题 6 分，共 30 分)

1. 设全集 $U=\{x\in \mathbf{N}_+ \mid x<6\}$，集合 $A=\{2, 4\}$，$B=\{1, 2, 3\}$，则 $A\cap \complement_U B=$________.

2. 设全集 $U=\{n\in \mathbf{N} \mid n\leqslant 5\}$，集合 $A=\{1, 3\}$，$B=\{2, 4\}$，则 $\complement_U(A\cup B)=$________.

3. 用符号“$\in$”“$\notin$”“$\subsetneqq$”“$\supsetneqq$”填空.

-3 ____ $\{x \mid x<4\}$，$\{x \mid x>2\}$ ____ $\{x \mid x>5\}$.

4. 所有正偶数组成的集合可以表示为________.

5. 已知集合 $A=\{x \mid x<0\}$，$B=\{x \mid x>-1\}$，则 $A\cup B=$________.

三、解答题(第 1 题 12 分，第 2，3 题各 14 分，共 40 分)

1. 解不等式组 $\begin{cases} |3-2x|>1, \\ \dfrac{x-3}{2}\leqslant\dfrac{-1-x}{3}. \end{cases}$

2. 已知二次函数 $y=x^2-2x-8$，当 $y<0$ 时，求 x 的取值范围．

3. 用长为 8 m 的篱笆围一个花坛，其中一面靠墙，如图所示，花坛的宽为 x m，问当 x 取多少时，可满足花坛面积不小于 6 m^2．

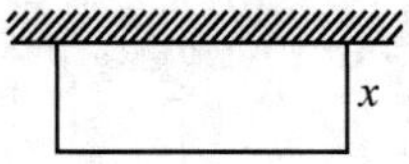

第 3 题图

第二单元测试卷(二)

班级________姓名________座号________

(45 分钟,满分 100 分)

一、选择题(每小题 6 分,共 30 分)

1. 如果 $a<0$,且 $-1<b<0$,则 a,ab,ab^2 的大小关系是(　　).

A. $a>ab>ab^2$　　B. $ab^2>ab>a$

C. $ab>a>ab^2$　　D. $ab>ab^2>a$

2. 设不等式组 $\begin{cases}3-4x\geqslant -5,\\ x+a>0\end{cases}$ 的解集非空,则 a 的取值范围为(　　).

A. $(2,+\infty)$　　B. $(-\infty,2]$　　C. $(-2,+\infty)$　　D. $(-\infty,-2]$

3. 不等式 $2x^2-3x-2<0$ 的解集为(　　).

A. $\left(-\frac{1}{2},2\right)$　　B. $\left(-\infty,-\frac{1}{2}\right)\cup(2,+\infty)$

C. $\left(-2,\frac{1}{2}\right)$　　D. $(-\infty,-2)\cup\left(\frac{1}{2},+\infty\right)$

4. 不等式 $|1-3x|\geqslant 2$ 的解集为(　　).

A. $\left[-\frac{1}{3},1\right]$　　B. $\left(-\infty,-\frac{1}{3}\right]\cup[1,+\infty)$

C. $\left[-1,\frac{1}{3}\right]$　　D. $(-\infty,-1]\cup\left[\frac{1}{3},+\infty\right)$

5. 不等式 $|3-2x|<4$ 的解集是(　　).

A. $\left(-\infty,-\frac{1}{2}\right)$　　B. $\left(-\frac{1}{2},\frac{7}{2}\right)$

C. $\left(-\frac{1}{2},+\infty\right)$　　D. $\left(-\infty,-\frac{1}{2}\right)\cup\left(\frac{7}{2},+\infty\right)$

二、填空题(每小题 6 分,共 30 分)

1. 已知全集为 **R**,集合 $A=(-3,1]$,$B=[-1,2)$,则 $\complement_{\mathbf{R}}A=$________,$\complement_{\mathbf{R}}A\cap B=$________.

2. 不等式 $\frac{x+2}{x-1}\leqslant 0$ 的解集用区间表示为________.

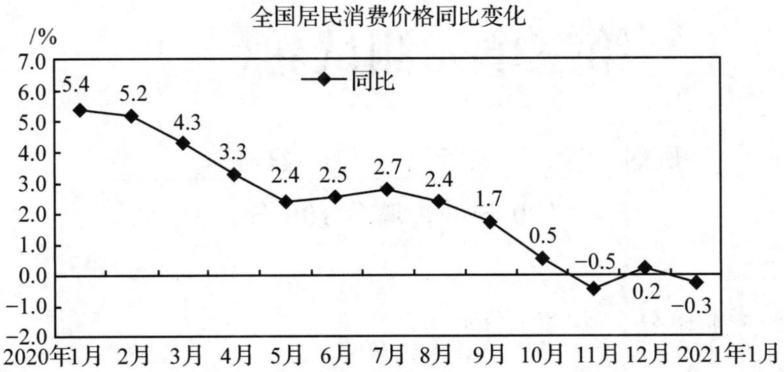

4. 函数 $f(x)=\sqrt{x+2}+\sqrt{5-x}$ 的定义域是________.

5. 函数 $f(x)=(k-1)x+3$ 在区间$(-\infty,+\infty)$上为增函数，则 k 的取值范围是________.

三、解答题(第 1 题 12 分，第 2，3 题各 14 分，共 40 分)

1. 已知一次函数 $f(x)=2x-4$.

(1)用图像法表示 $f(x)$；

(2)当 $f(x)\leqslant 0$ 时，求 x 的取值范围.

2. 小张去某水果店买水果，销售价 5 元/kg，如果购买 10 kg 及以上则售价为 4.8 元/kg. 设水果的质量为 x kg，应付款为 y 元.

(1)求函数 $y=f(x)$的定义域；

(2)用解析法表示函数 $y=f(x)$；

(3)画出函数 $y=f(x)$的图像.

3. 小王与朋友到某餐厅用餐，该餐厅当日一次性消费折扣优惠如表所示，设小王与朋友用餐费为 x 元，实际支付餐费为 y 元.

(1)用解析法表示函数 $y=f(x)$；

(2)小王与朋友用餐完后付费 1 200 元，请问他们的实际消费是多少？(精确到整数)

实际消费/元	折扣
500 元以上至 1 000 元	九折
1 000 元以上	八五折

第三单元测试卷(二)

班级________姓名________座号________

(90 分钟，满分 100 分)

一、选择题(每小题 6 分，共 30 分)

1. 若函数 $f(x)=\begin{cases}1-x^2, & x\geqslant 0,\\ 2x+5, & x<0,\end{cases}$ 则 $f(f(3))=($　　$)$.

A. -63　　B. -11　　C. -5　　D. -3

2. 定义域为 **R** 的奇函数 $f(x)$ 在区间 $(0,+\infty)$ 上为增函数，下列图像中比较符合函数 $f(x)$ 性质的是(　　).

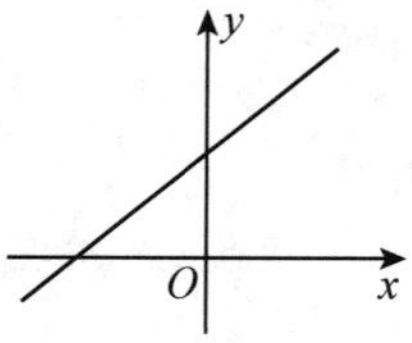

A.

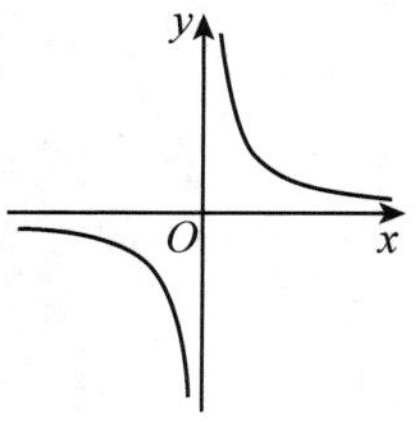

B.

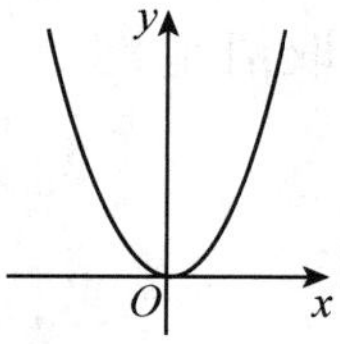

C.

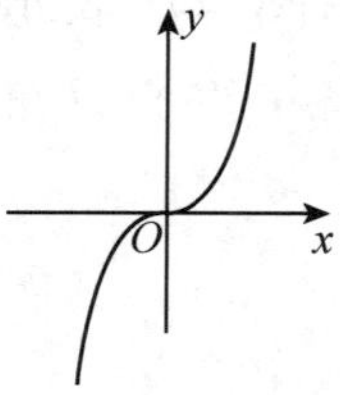

D.

3. 下列函数中，其图像关于原点中心对称的是(　　).

A. $f(x)=x+1$　　B. $f(x)=x^3+x^2$

C. $f(x)=\dfrac{x}{|x|-1}$　　D. $f(x)=5x$，$x\in(-4,5)$

4. 下列函数的图像在区间 $(-\infty,+\infty)$ 上单调递增的是(　　).

A. $f(x)=|x|$　　B. $f(x)=x^2$　　C. $f(x)=-3x+7$　　D. $f(x)=2x-6$

5. 奇函数 $f(x)$ 和偶函数 $g(x)$ 的定义域均为 D，则函数 $f(x)\cdot g(x)$ 是(　　).

A. 奇函数　　B. 偶函数

C. 既是奇函数又是偶函数　　D. 不具有奇偶性

二、填空题(每小题 6 分，共 30 分)

1. 小明骑自行车到工厂上班，以 12 km/h 的速度匀速直线行驶，出发 20 min 后到达工厂．设出发后 x min，小明与工厂的距离为是 km，用解析法将函数 $y=f(x)$ 表示为____________．

2. 在奇函数 $f(x)$ 中，当 $f(a)=a^2+3a$ 时，$f(-a)=2a-14$，则 $a=$________．

3. 偶函数 $f(x)$ 在区间 $(0,+\infty)$ 上是减函数，则 $f(-5)$，$f(2)$，$f(3)$ 由小到大的顺序是________．

4. 二次函数 $f(x)=-2x^2+8x-5$ 在区间 $[3,4]$ 上的最大值是________．

三、解答题(第 1 题 12 分，第 2，3 题各 14 分，共 40 分)

1. 计算：$27^{\frac{1}{3}}+(-3)^{-2}$.

2. 已知 $\lg 2=a$，$\lg 3=b$，用 a 和 b 表示 $\lg 72$.

3. 求函数 $y=\sqrt{x-2}+\log_{0.3}(x+1)$的定义域.

第四单元测试卷(二)

班级________姓名________座号________

(90 分钟，满分 100 分)

一、选择题(每小题 6 分，共 30 分)

1. 下列运算中，正确的是(　　).

A. $(5^{\frac{4}{3}})^{\frac{3}{4}}=5$　　B. $5^{\frac{4}{3}}\cdot 5^{\frac{3}{4}}=5$

C. $5^{\frac{3}{4}}\cdot 5^{-\frac{3}{4}}=5$　　D. $5^{\frac{3}{4}}\div 5^{\frac{4}{3}}=5$

2. 函数 $y=\log_8 x$ 的大致图像是(　　).

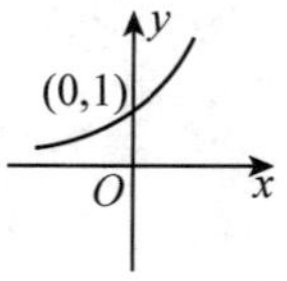

A.

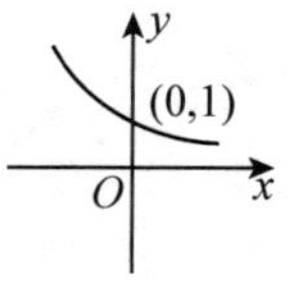

B.

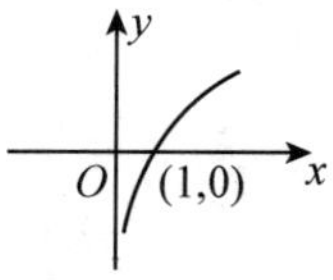

C.

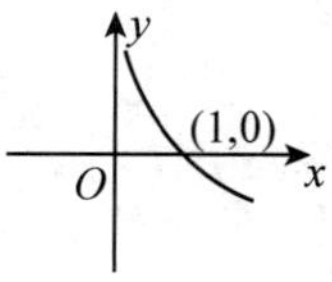

D.

3. 下列不等式成立的是(　　).

A. $4.1^{0.1}>4.1^{0.2}$　　B. $\left(\frac{1}{3}\right)^{0.1}>\left(\frac{1}{3}\right)^{0.5}$

C. $\log_{0.7}0.2>\log_{0.7}0.1$　　D. $\lg 0.5>\lg 0.8$

4. 若函数 $y=\log_m x$ 在区间$(0, +\infty)$上是减函数，则 m 的取值范围是(　　).

A. $m>1$　　B. $m>0$

C. $1<m<2$　　D. $0<m<1$

5. 计算：$\log_5 3\cdot\log_9 25=$(　　).

A. 1　　B. $\frac{5}{3}$　　C. $\log_3 5$　　D. $\log_9 5$

二、填空题(每小题 6 分，共 30 分)

1. 计算：$\sqrt{2}\cdot\sqrt[4]{2}\cdot\sqrt[8]{16}=$________.

2. 计算：$\lg 5-\left(\frac{1}{2}\right)^{-1}+\lg 2=$________.

3. 用“<”或“>”填空：(1)$\log_4\frac{1}{3}$________0；(2)$5^{0.4}$________1.

4. 函数 $y=\sqrt{\left(\frac{1}{2}\right)^x-8}$ 的定义域是________.

三、**解答题**(第1题12分，第2，3题各14分，共40分)

1. 计算：$\tan 180° + 3\sin 270° - 3\cos 180° + \frac{1}{3}\tan^2 60° - \sin^2 30° - \tan 135°$.

2. 已知 $\sin\alpha = -\frac{3}{5}$，且 $\alpha \in \left[\frac{3\pi}{2}, 2\pi\right]$，求 $\cos\alpha$，$\tan\alpha$ 的值.

3. 用“五点法”作出函数 $y = 2\sin x + 1$ 在区间$[0, 2\pi]$上的简图，并写出它的最大值与最小值.

第五单元测试卷(二)

班级________姓名________座号________

(45 分钟，满分 100 分)

一、选择题(每小题 6 分，共 30 分)

1. 与$\frac{13\pi}{3}$终边相同的角的集合表示为(　　).

A. $\left\{\alpha \mid \alpha=\frac{\pi}{3}+k\cdot 2\pi, k\in \mathbf{Z}\right\}$

B. $\left\{\alpha \mid \alpha=-\frac{\pi}{3}+k\cdot 2\pi, k\in \mathbf{Z}\right\}$

C. $\left\{\alpha \mid \alpha=\frac{2\pi}{3}+k\cdot 2\pi, k\in \mathbf{Z}\right\}$

D. $\left\{\alpha \mid \alpha=-\frac{2\pi}{3}+k\cdot 2\pi, k\in \mathbf{Z}\right\}$

2. 用弧度制表示终边在 y 轴上的角的集合(　　).

A. $\{\alpha \mid \alpha=\frac{\pi}{2}+k\pi, k\in \mathbf{Z}\}$　　B. $\{\alpha \mid \alpha=90°+k\pi, k\in \mathbf{Z}\}$

C. $\{\alpha \mid \alpha=0°+k\pi, k\in \mathbf{Z}\}$　　D. $\{\alpha \mid \alpha=k\pi, k\in \mathbf{Z}\}$

3. 若 $\cos\alpha\cdot\tan\alpha>0$，则 α 在第(　　)象限.

A. 一或二　　B. 二或四

C. 三或四　　D. 一或三

4. 若 $\sin\alpha=\frac{12}{13}$，$\alpha\in\left(0, \frac{\pi}{2}\right)$，则 $\cos(\pi-\alpha)=$(　　).

A. $\frac{12}{13}$　　B. $\frac{5}{13}$　　C. $-\frac{12}{13}$　　D. $-\frac{5}{13}$

5. 已知 $\sin\alpha=\frac{1}{3}$，则 $\sin^4\alpha-\cos^4\alpha$ 可化简为(　　).

A. -1　　B. $-\frac{7}{9}$　　C. $\frac{7}{9}$　　D. 1

二、填空题(每小题 6 分，共 30 分)

1. $\frac{\sin 300°}{\cos 300°}=$____________.

7. 下列关系正确的是(　　).

A. $-2\in\mathbf{N}$　　B. $\frac{1}{2}\in\mathbf{Q}$　　C. $\sqrt{3}\in\mathbf{Z}$　　D. $\varnothing=\{0\}$

8. 寒假放假回家，某校有32名同学来自同一个地方，计划购买车票，经咨询车票单价为26元，则购买数量x(张)与应付款y(元)的函数关系式为(　　).

A. $x=26y$　　B. $y=26x$

C. $y=26x$，$x\in\mathbf{N}_+$　　D. $y=26x$，$x\leqslant 32$且$x\in\mathbf{N}_+$

9. 下列四个函数中为偶函数的是(　　).

A. $y=|x|$　　B. $y=2x$　　C. $y=x^2+3x$　　D. $y=\frac{x+1}{x^2}$

10. 新冠疫情封闭管理期间，小张特别担心自己的身体，密切关注自己的体温变化，下图表示某日0～24 h内体温随时间的变化而变化的函数关系，则下列说法错误的是(　　).

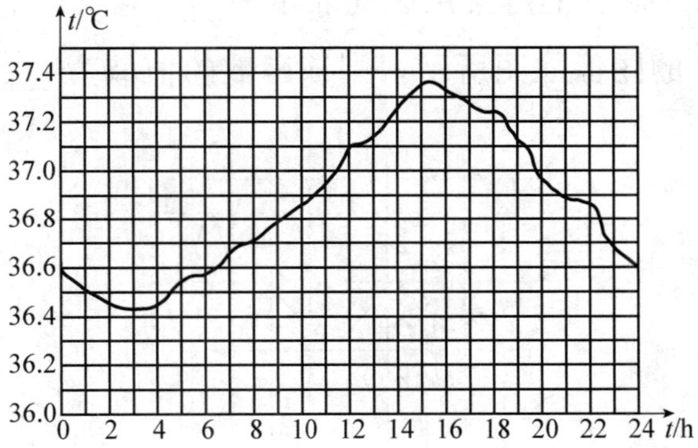

第10题图

A. 函数在区间[0，3]上单调递减

B. 函数在区间[3，15]上单调递增

C. 函数在区间[0，3]∪[16，24]上单调递减

D. 函数在区间[0，24]上不具有单调性

11. 偶函数的图像关于(　　)对称，奇函数的图像关于(　　)中心对称，正确的是(　　).

A. x轴，y轴　　B. y轴，x轴　　C. x轴，原点　　D. y轴，原点

12. 不等式$x^2-2x-15<0$的解集是(　　).

A. $(-5，3)$

B. $(-3，5)$

C. $(-\infty，-5)\cup(3，+\infty)$

D. $(-\infty，-3)\cup(5，+\infty)$

13. 函数 $y=\frac{4}{x-1}+\sqrt{2x+1}$ 的定义域是(　　).

A. $(-\infty, 1)\cup(1, +\infty)$　　B. $\left[-\frac{1}{2}, 1\right)\cup(1, +\infty)$

C. $\left[-\frac{1}{2}, +\infty\right)$　　D. $\left[-\frac{1}{2}, 1\right)$

二、填空题(共 5 小题，每小题 4 分，共 20 分)

14. "mathematics"中所有字母构成的集合为________.

15. 下列关系式：①$\{0\}\in\{0, 1, 2\}$；②$\{a, b\}\neq\{b, a\}$；③$\{x, y\}\supseteq\{(x, y)\}$；④$\varnothing\subseteq\{0, 1\}$；⑤$\mathbf{R}\supseteq\mathbf{Q}$ 中，正确的是________.

16. 坐飞机时，免费托运行李是有额度的．经济仓免费托运的质量不超过 20 kg. 若免费托运行李的质量为 x kg，则用数学符号表达 x 的取值范围是________.

17. 不等式 $(x+2)(x-6)\geqslant 0$ 的解集用区间表示为________.

18. 已知函数 $y=f(x)$ 的图像如图所示，则该函数的值域为________.

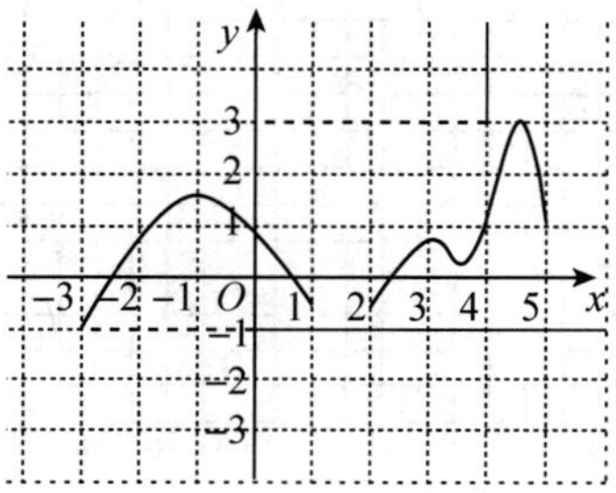

第 18 题图

三、解答题(共 4 小题，第 19，20 题各 6 分，第 21，22 题各 8 分，共 28 分)

19. 已知全集为 U，集合 $A=\{1, 3, 5, 7\}$，$\complement_U A=\{2, 4, 6\}$，$B=\{1, 2, 4\}$，求 $A\cap B$，U，$\complement_U B\cap A$.

20. 比较 x^2+3x+2 与 $(x-2)(x+5)$ 的大小．

9. 若函数 $f(x)=(3-m)x^2+9x$ 为奇函数，则 m 的值为(　　).

A. -3　　B. 0　　C. 3　　D. 9

10. 已知不等式 $x^2+mx+n\leqslant 0$ 的解集为 $\{x \mid -2\leqslant x\leqslant 3\}$，则 $2m-n$ 的值为(　　).

A. 5　　B. 4　　C. -4　　D. -5

11. 已知函数 $f(x)=ax^2+bx+c\ (a\neq 0)$ 的图像如图所示，则 a，b，c 的符号为(　　).

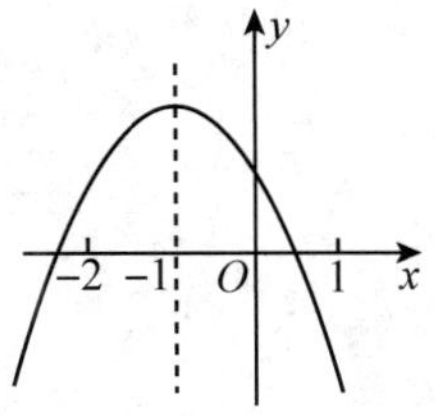

第 11 题图

A. $a>0$，$b>0$，$c>0$

B. $a>0$，$b>0$，$c<0$

C. $a<0$，$b<0$，$c>0$

D. $a<0$，$b<0$，$c<0$

12. 某长途汽车公司规定：一位乘客携带 20 kg 内行李可免费，若超过 20 kg，则超过部分每千克收行李费 2 元．但行李的总质量不超过 35 kg. 某位乘客的行李托运费 y(元)与携带行李的质量 x(kg)的函数关系正确的是(　　).

A. $y=2x$

B. $y=2x-40$

C. $y=\begin{cases}0, \\ 2x-40\end{cases}$

D. $y=\begin{cases}0, & x\leqslant 20, \\ 2x-40, & 20<x\leqslant 35\end{cases}$

13. 定义域为 $\mathbf{R}$ 的偶函数 $f(x)$ 在 $[0, +\infty)$ 上是增函数，且 $f(4)=0$. 若 $f(x)\geqslant 0$，则 x 的取值范围为(　　).

A. $[4, +\infty)$

B. $(-\infty, -4]\cup[4, +\infty)$

C. $(-\infty, -4]$

D. $[-4, 4]$

二、填空题(共 5 小题，每小题 4 分，共 20 分)

14. 设全集 $U=\{$小于 7 的自然数$\}$，集合 $M=\{2, 3, 5\}$，$N=\{1, 5\}$，$\complement_U M\cap N=$________.

15. 不等式组 $\begin{cases}2x+4\geqslant 0, \\ 3-x>0\end{cases}$ 的解集为________.

16. 设函数 $f(x)=\begin{cases}3x-2, & x\leqslant 0, \\ x^2+1, & x>0,\end{cases}$ 则 $f(-1)+f(1)=$________.

17. 若奇函数 $f(x)$ 在 $(0, +\infty)$ 上是减函数，则 $f(-3.14)$ 与 $f(-\pi)$ 的大小关系是________.

18. 若关于 x 的方程 $mx^2-(1-m)x+m=0$ 无实数根，则 m 的取值范围是________.

三、解答题(共 4 小题，第 19，20 题各 6 分，第 21，22 题各 8 分，共 28 分)

19. 比较 $(x-2)(x+3)$ 与 $x(x+1)$ 的大小．

20. 解不等式组，并在数轴上表示解集．

$$\begin{cases} |2x-5| \leqslant 9, \\ \dfrac{x+1}{2} > 3 - \dfrac{x}{4}. \end{cases}$$

21. 已知一次函数经过点 $A(-2, -1)$，$B(1, 5)$，O 为坐标原点．

(1)求一次函数的解析式；

(2)若一次函数的图像与 x 轴，y 轴分别相交于 P，Q 两点，求点 P，Q 的坐标及 $\triangle OPQ$ 的面积．

6. 下列关系式正确的是(　　).

A. $3^{0.3}<3^{0.7}$　　B. $\left(\frac{2}{3}\right)^{7.1}<\left(\frac{2}{3}\right)^{7.3}$

C. $\log_{0.2}3<\log_{0.2}4$　　D. $\log_5 3>\log_5 4$

7. 函数 $y=\left(\frac{1}{2}\right)^{x}$ 的图像是(　　).

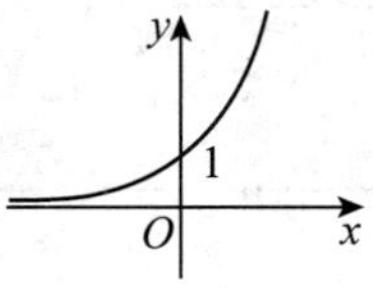

A.

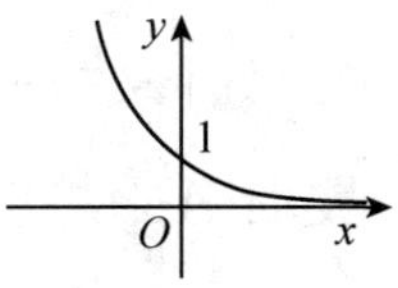

B.

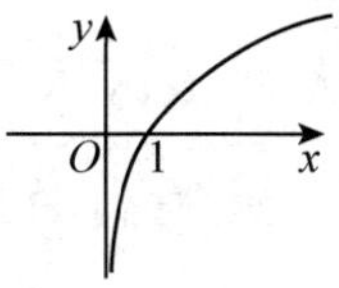

C.

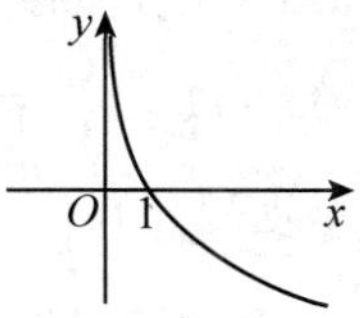

D.

8. 若函数 $f(x)=\begin{cases}x+3, & x\leqslant 0,\\ x^2, & x>0,\end{cases}$ 则 $f(-1)=$(　　).

A. -1　　B. 1　　C. 2　　D. 3

9. 与 30°角终边相同的角为(　　).

A. $-330°$　　B. 330°　　C. 460°　　D. 730°

10. $-120°$是(　　).

A. 第一象限角　　B. 第二象限角

C. 第三象限角　　D. 第四象限角

11. $\sin 210°=$(　　).

A. $-\frac{\sqrt{3}}{2}$　　B. $-\frac{1}{2}$　　C. $\frac{1}{2}$　　D. $\frac{\sqrt{3}}{2}$

12. 若 $\sin\alpha<0$ 且 $\cos\alpha>0$，则角 α 所在的象限是(　　).

A. 第一象限　　B. 第二象限　　C. 第三象限　　D. 第四象限

13. 正弦函数 $y=\sin x$ 的图像如图所示，下列描述中**不正确**的是(　　).

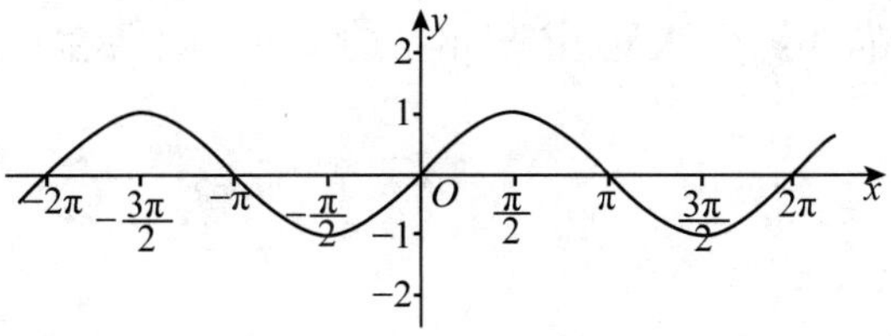

A. 定义域是$(-\infty, +\infty)$　　B. 值域是$[-1, 1]$

C. 最小正周期是 π　　D. 是奇函数

二、填空题(共 5 小题，每小题 4 分，共 20 分)

14. 函数 $f(x)=\dfrac{\sqrt{x+2}}{x-3}$ 的定义域是________.

15. 不等式 $|3x+1|\leqslant 2$ 的解集是________.

16. $2^x=3$ 化为对数式是________.

17. $300°$ 角用弧度表示是________.

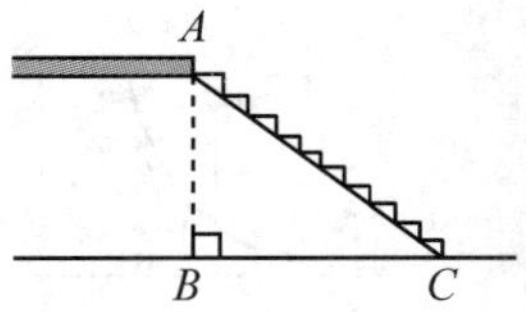

第 18 题图

18. 某市区一街道车流量较大，该区人民政府将在此处修建一座天桥确保老百姓安全出行，如图所示，天桥高 $AB=8$ m，坡面 AC 与地面 BC 的夹角的正弦值 $\sin\angle ACB=\dfrac{4}{5}$，则 AC 的长度为________ m.

三、解答题(共 4 小题，第 19，20 题各 6 分，第 21，22 题各 8 分，共 28 分)

19.(本小题 6 分，第(1)(2)小问各 3 分)

(1)$(\pi-1)^0-\sqrt{4}$；　　(2)$\lg 5+\lg 2+\log_6 36$.

20.(本小题 6 分，第(1)小问 2 分，第(2)小问 4 分)

“杂交水稻之父”袁隆平院士用一粒种子改变了世界．某地区 2000 年种殖的杂交水稻亩产量已达 700 kg，每过 5 年换种杂交水稻新品种，且每次换种的新品种亩产量都在前一品种亩产量的基础上增加约 15%.

(1)假设经过 x 次换种新品种后亩产量是 y kg，写出 y 与 x 的函数关系式；

(2)求该地区 2020 年种殖的杂交水稻亩产量．($1.15^2\approx 1.32$，$1.15^3\approx 1.52$，$1.15^4\approx 1.75$)

8. 若 $m>1$，函数 $y=m^{-x}$ 与 $y=\log_m x$ 的大致图像是（　　）.

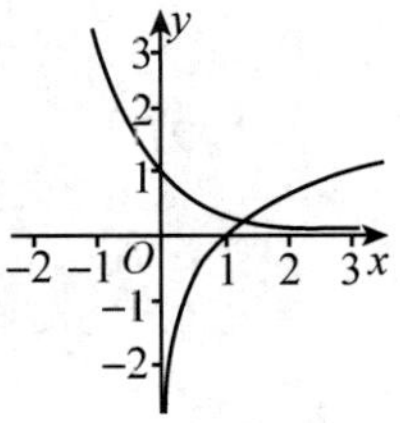

A.

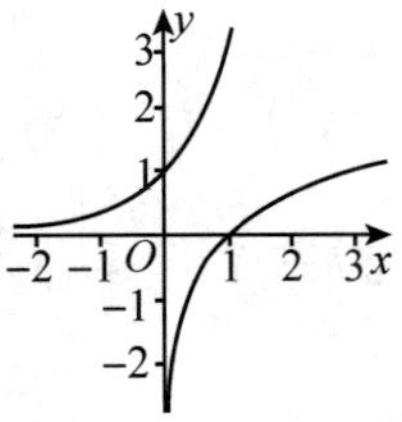

B.

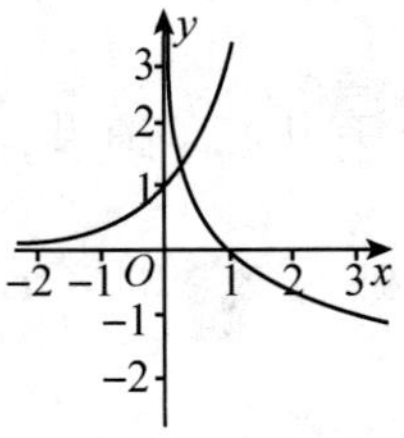

C.

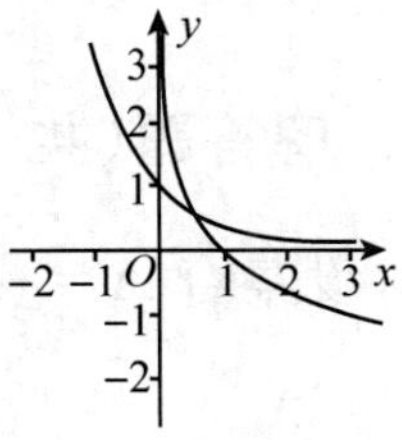

D.

9. 圆心角为 120°，半径为 8 的扇形面积是（　　）.

A. $\frac{16}{3}\pi$　　B. $\frac{32}{3}\pi$

C. $\frac{64}{3}\pi$　　D. $\frac{128}{3}\pi$

10. 若 $\frac{3\sin\alpha+\cos\alpha}{\sin\alpha-\cos\alpha}=2$，则 $\tan\alpha=$（　　）.

A. -3　　B. -2　　C. 1　　D. 3

11. 若 $\ln x=\frac{1}{2}$，则 $x=$（　　）.

A. $\sqrt{2}$　　B. $\frac{1}{e^2}$　　C. $\sqrt{e}$　　D. 2^e

12. $\sin\frac{19}{6}\pi=$（　　）.

A. $-\frac{\sqrt{3}}{2}$　　B. $-\frac{1}{2}$　　C. $\frac{1}{2}$　　D. $\frac{\sqrt{3}}{2}$

13. 函数 $y=\sqrt{\sin x}$ 的定义域是（　　）.

A. $(-\infty, +\infty)$　　B. $[0, \pi]$

C. $\left[2k\pi, \frac{\pi}{2}+2k\pi\right](k\in\mathbf{Z})$　　D. $[2k\pi, \pi+2k\pi](k\in\mathbf{Z})$

二、填空题（共 5 小题，每小题 4 分，共 20 分）

14. 全集 $U=\{$不大于 5 的自然数$\}$，集合 $A=\{1, 3\}$，$B=\{2, 3, 4\}$，则 $A\cup \complement_U B=$ ________.

15. 不等式 $8-|2x-1|<5$ 的解集是________.

16. 函数 $f(x)=a^{x-1}+3(a>0$，且 $a\neq1)$ 的图像必经过一点，其坐标是________.

17. 计算：$\lg 0.01+\cos\pi-4^{-\frac{1}{2}}=$ ________.

18. 若 $\sin\alpha=-\frac{\sqrt{3}}{2}$，$\alpha\in(0，2\pi)$，则 $\alpha=$________.

三、解答题(共 4 小题，第 19，20 题各 6 分，第 21，22 题各 8 分，共 28 分)

19. 设集合 $A=\{x \mid x^2-4x+3>0\}$，$B=\{x \mid |2x+1|\leqslant 5\}$，求 $A\cap B$.

20. 已知对数函数 $y=f(x)$的图像经过点 $A\left(\frac{1}{4}，-2\right)$.

(1)求 $f(x)$的解析表达式；

(2)若 $f(x^2+x)\leqslant 1$，求 x 的取值范围.

序 言

亲爱的同学们：

欢迎你们进入中等职业学校学习！职业教育与普通教育是两种不同教育类型，具有同等重要地位，相信你们一定能成为德智体美劳全面发展的高素质劳动者和技术技能人才。公共基础课程是中等职业学校课程体系的重要组成部分，对促进同学们可持续发展具有重要意义。本书是在习近平新时代中国特色社会主义思想指导下编写完成的，是中等职业学校公共基础课程教材《数学(基础模块)上册(第 4 版)》的配套学习指导与能力训练，是同学们学习数学课程的辅助资料。

本书知识框架与教材《数学(基础模块)上册(第 4 版)》保持基本一致，由集合、不等式、函数、指数函数与对数函数、三角函数五个单元构成。每单元由若干知识小节组成，每个知识小节包含“知识要点”“运用举例”“同步训练”“数学窗”和备注栏等板块。“知识要点”引导同学们总结梳理数学知识要点，建立自己的数学知识体系；“运用举例”引导同学们学习理解数学知识运用的典型例题，掌握基本的数学思想和方法；“同步训练”则设置两种不同学业水平的习题，满足同学们的个性化需求，提高大家分析问题和解决问题的能力；“数学窗”重点介绍数学发展史、数学文化、数学在生活中的应用等拓展知识，丰富数学内容，将“枯燥无味”的数学变得“生动活泼”；备注栏引导同学们善于思考，勤于总结，多做笔记，手脑并用。测试卷由单元测试卷(五个单元)、期中测试卷和期末测试卷三部分构成，都分别包含两套试卷(分别对应水平一和水平二)。我们力求版面设计简洁合理、习题选择精干高效、拓展史料丰富有趣，以期提高同学们学习数学的兴趣和积极性。我们另提供所有习题的答案、提示或详细解答，为同学们开启思路、示范解题步骤提供参考。

数学源于大千世界，服务于生活实际。本书还引导同学们掌握一定的数学学习方法。方法一是学会总结归纳。总结梳理数学基本概念、公式、法则、定理、性质等数学知识要点，可以用条目式、表格式、框架图、思维导图等方式表达出来，厘清知识要点之间的逻辑关系，形成自己的数学知识主线。方法二是学会借鉴思考。从典型例题的分析解答中巩固公式、深化概念、掌握基本的解题方法与技巧，举一反三。方法三是勤于动笔训练。好记性不如烂笔头，通过同步训练及时反馈学习效果，规范解题过程，提高运算能力和逻辑推理能力。

数学是锻炼思维的体操。希望同学们热爱数学学习，乐于探索数学问题，在数学学习过程中领略数学文化，感受数学魅力，提升数学学科核心素养。

本书在编写过程中由于时间仓促，还有一些需要完善修订的地方，我们将认真听取大家的意见，不断对其进行改进和提升，以便更有效地为同学们所用。

编者

目 录

第一单元 集 合

第二单元 不等式

第一单元 · 集　合

1.1　集合及其表示

1.1.1　集合与元素

知识要点

笔　记

1. 集合：由一些确定的对象所组成的整体就称为集合(简称集)，集合中的每个确定的对象叫作这个集合的元素．

2. 元素与集合的关系：如果 a 是集合 A 中的元素，记作 $a \in A$；如果 b 不是集合 A 中的元素，记作 $b \notin A$.

运用举例

例 1　判断下列对象能否组成集合，如果能，请写出集合中的所有元素．

(1)中国古代的四大发明；

(2)不大于 10 的正偶数．

分析　正确理解集合和元素的含义．

解　(1)中国古代的四大发明是确定的对象，可以组成集合，元素有指南针、造纸术、火药、印刷术．

(2)不大于 10 的正偶数是确定的对象，可以组成集合，元素有 2，4，6，8，10.

例 2　集合 A 由“大于 3 且小于 10 的整数”构成，请用符号“$\in$”或“$\notin$”填空．

3 ____ A，5.5 ____ A，8 ____ A，$\sqrt{10}$ ____ A.

解　$3\notin A$，$5.5\notin A$，$8\in A$，$\sqrt{10}\notin A$.

同步训练 1.1.1

改错与反思

水平一

一、选择题

1. 下列对象能够组成集合的是(　　).

A. 本班成绩较好的同学全体　　B. 充分接近 π 的实数全体

C. 倒数是自身的数　　D. 优秀的中等职业学校全体

2. 下列对象不能组成集合的是(　　).

A. 小于 10 的自然数　　B. 与 0 接近的数

C. 班上所有共青团员　　D. 2019 年“共和国勋章”获得者

二、填空题

1. 集合“大于 1 且小于 15 的奇数”的元素有________.

2. 方程 $x^2-1=0$ 的解集的元素有________.

3. 包含元素 -1，1，2，5，6 的集合记为 A，请用符号“$\in$”或“$\notin$”填空.

-3 ____ A，6 ____ A，2 ____ A，$\sqrt{2}$ ____ A，a ____ A.

三、解答题

1. 判断下列对象能否组成集合，若能组成集合，请列出集合中的元素.

(1)方程 $x-5=0$ 的实数解；

(2)绝对值小于 2 的所有整数；

(3)班上身高接近 1.8 m 的同学.

2. 写出下列集合的元素.

(1)方程 $x^2-x-6=0$ 的实数解;

(2)方程 $|x|=4$ 的实数解.

数学窗

"物以类聚,人以群分."这句话渗透着集合的思想和方法.在现实生活中经常会用到这种思想和方法,将对象进行分门别类,便于认识对象的属性.例如,超市根据商品的特征,按蔬菜、水果、肉类、日用百货等分类摆放,便于顾客选购.再如,在使用聊天工具时,我们可以将好友按照关系分成不同的组别,以实现更加方便的管理、沟通和交流.手机通讯录也可以按照家人、朋友、同学等分成不同的组别,并可以设置不同的铃声.这些其实都是集合在生活中的一些体现.

1.1.2　常见集合

笔　记

知识要点

1. 集合元素一般具有确定性、________、无序性 .

2. 元素个数有限的集合为有限集；元素个数无限的集合为无限集；不含任何元素的集合为空集，记作________ .

3. 常见的数集：自然数集 **N**，整数集 **Z**，正整数集 $\mathbf{N}^*$ 或 $\mathbf{N}_+$，有理数集 **Q**，实数集 **R**.

运用举例

例 1　判断下列集合是有限集还是无限集 .

(1)2021 年重庆市中职学生技能大赛交通运输类部分项目：定期维护作业和车轮定位作业、汽车维修基本技能、车身修护、车身涂装、汽车空调维修组成的集合；

(2)不等式 $2x-5>0$ 的所有实数解组成的集合 .

分析　通过集合元素的数量是有限还是无限进行判断 .

解　(1)因为中职学生技能大赛交通运输类部分项目有五项，是有限的，所以为有限集；

(2)不等式的解为 $x>\frac{5}{2}$，大于 $\frac{5}{2}$ 的实数有无限多个，所以为无限集 .

例 2　判断下列说法是否正确 .

(1)单词 book 的字母构成的集合有 4 个元素；

(2)由 1，2，3 三个数字构成的集合与由 3，2，1 三个数字构成的集合不是同一个集合 .

分析　由集合元素的无序性和互异性来判断 .

解　(1)由于集合元素具有互异性，相同的元素只能算一次，所以该说法是错误的；

(2)由于集合元素具有无序性，只要元素相同，不管顺序是否一样都是同一个集合，所以该说法是错误的 .

同步训练 1.1.2

改错与反思

水平一

一、选择题

1. 下列说法正确的是(　　).

A. 单词 happy 的字母构成的集合有 5 个元素

B. 集合{1，2，3，4，5}和{5，4，3，2，1}为不同的集合

C. 方程 $x^2+3x+2=0$ 的所有实数解构成的集合的元素有 -1 和 -2

D. 某班聪明的同学可以组成集合

2. 已知集合 M 中的三个元素 a，b，c 分别是 $\triangle ABC$ 的三条边，则 $\triangle ABC$ 一定不是(　　).

A. 锐角三角形　　B. 直角三角形

C. 钝角三角形　　D. 等腰三角形

3. 设集合 A 是能被 3 整除的数构成的集合，则下列各数不属于集合 A 的是(　　).

A. -2　　B. 6　　C. -15　　D. 24

4. 已知集合 N 是由 3，4，$3b$ 这三个数构成的，且 $6\in N$，则 $b=$(　　).

A. 3　　B. 4　　C. 6　　D. 2

二、填空题

1. 用符号"$\in$"或"$\notin$"填空.

(1)9.8 ____ $\mathbf{Q}$；　(2)0 ____ $\varnothing$；　(3)$\frac{4}{3}$ ____ $\mathbf{Q}$；　(4)$\frac{4}{3}$ ____ $\mathbf{Z}$；

(5)-2 ____ $\mathbf{N}_+$；　(6)2 ____ $\mathbf{N}$；　(7)$\sqrt{5}$ ____ $\mathbf{Q}$；　(8)$\sqrt{5}$ ____ $\mathbf{R}$.

2. 单词 hello 的字母构成的集合的元素有________.

三、解答题

1. 判断下列集合是有限集还是无限集.

(1)方程 $|x|=2$ 的解集；

(2)小于 2 的所有整数.

2. 已知集合 A 中有三个元素：-2，1，$3a+1$. 若 $-8\in A$，求 a 的值.

水平二

已知集合 A 为方程 $ax^2-2x+1=0$ 的解集，a 为实数.

(1)若集合 A 是空集，求 a 的取值范围；

(2)若集合 A 中只含有一个元素，求 a 的值.

数学窗

整数集为什么用 **Z** 表示？这源于一位德国女数学家对环理论的贡献，她叫艾米·诺特(Emmy Noether，1882—1935). 爱因斯坦曾高度评价诺特的工作成果，称赞她是“自妇女接受高等教育以来最杰出的富有创造性的数学天才”. 1921 年她写的《整环的理想理论》是交换代数发展的里程碑. 其中，诺特在引入整数环概念的时候(整数集本身也是一个数环)，德语中的整数叫作 Zahlen，于是当时她将整数环记作 **Z**. 从那时候起，整数集就用 **Z** 表示了.

1.1.3 集合的表示

知识要点

1. 列举法：把集合中的元素一一列举出来，写在大括号内，这种表示集合的方法叫作列举法．

2. 描述法：把集合中所有元素的共同特征描述出来表示集合的方法叫作描述法．

笔 记

运用举例

例 1 写出方程组$\begin{cases}x-3y=0,\\2x+y=7\end{cases}$的解集．

分析 方程组的解集是有序实数对，也叫有序数组．在平面直角坐标系中，这样的有序实数对表示一个点．注意书写上与集合$\{3,1\}$的差别．

解 解方程组$\begin{cases}x-3y=0,\\2x+y=7,\end{cases}$得$\begin{cases}x=3,\\y=1,\end{cases}$所以解集为$\{(3,1)\}$.

例 2 用描述法表示下列集合．

(1)被 3 除余 1 的整数组成的集合；

(2)在平面直角坐标系内，由 x 轴上的点组成的集合．

分析 通过观察规律来描述元素的特征性质，注意书写表达的差异．

解 (1)$\{x \mid x=3n+1, n\in\mathbf{Z}\}$；(2)$\{(x,y) \mid x\in\mathbf{R}, y=0\}$.

同步训练 1.1.3

水平一

改错与反思

一、选择题

1. 集合$\{x\in\mathbf{N}_+ \mid x<5\}$用列举法表示为(　　).

A. $\{0,1,2,3,4\}$　　B. $\{0,1,2,3,4,5\}$

C. $\{1,2,3,4\}$　　D. $\{1,2,3,4,5\}$

2. 下列集合中表示空集的是(　　).

A. $\{0\}$　　B. $\{x \mid x^2+2=0\}$

C. $\{\varnothing\}$　　D. $\{x \mid x^2+4>0\}$

3. 已知集合 $M=\{(1, 2)\}$，则下列关系成立的是(　　).

A. $1\in M$　　　　B. $2\in M$

C. $(1, 2)\in M$　　　　D. $(2, 1)\in M$

4. 集合 $A=\{x \mid x^2-x-6=0\}$用列举法表示为(　　).

A. $\{-2, 3\}$　　　　B. $\{(-2, 3)\}$

C. $\{(3, -2)\}$　　　　D. $\{2, -3\}$

二、填空题

1. 用符号“$\in$”或“$\notin$”填空.

0 ____ $\varnothing$，0 ____ $\{0\}$，0 ____ $\{x \mid x^2=0\}$，

-3 ____ $\{x^2+9=0\}$，$(-3, 4)$ ____ $\{(x, y) \mid x^2+y^2=25\}$.

2. 所有偶数组成的集合用描述法表示为________________.

三、解答题

1. 分别用列举法和描述法表示下列集合.

(1)方程 $x^2+7x+12=0$ 的解集；

(2)小于 15 的正整数组成的集合.

2. 用适当的方法表示下列集合.

(1)不等式 $-3<x+1\leqslant 5$ 的整数解组成的集合；

(2)大于 3 且小于 9 的实数组成的集合.

水平二

1. 用适当的方法表示下列集合．

(1)在平面直角坐标系内，由 y 轴上的点组成的集合；

(2)所有正偶数组成的集合；

(3)不等式组 $\begin{cases}\dfrac{x+1}{2}+x>1,\\ \dfrac{2x-1}{3}+\dfrac{1}{2}\leqslant 2\end{cases}$ 的解集．

2. 已知集合 $A=\{x \mid x^2-ax+b=0\}$，$B=\{x \mid x^2+bx-a=0\}$，且 $2\in A$，$3\in B$，求 a，b 的值．

数学窗

理发师悖论

某城市有一位理发师，他的广告词是这样写的："本人的理发技艺十分高超，誉满全城．我将为本城所有不给自己刮脸的人刮脸，我也只给这些人刮脸．我对各位表示热诚欢迎！"来找他刮脸的人络绎不绝，自然都是那些不给自己刮脸的人．可是，有一天，这位理发师从镜子里看见自己的胡子长了，他本能地抓起了剃刀，你们看他能不能给他自己刮脸呢？如果他不给自己刮脸，他就属于"不给自己刮脸的人"，他就要给自己刮脸，而如果他给自己刮脸呢，他又属于"给自己刮脸的人"，他就不该给自己刮脸．由此可见，不管怎样推论，理发师所说的话总是自相矛盾的．

1.2　集合之间的关系

1.2.1　子集

知识要点

1. 子集：一般地，对于两个集合 A 与 B，如果集合 A 中的任何一个元素都是集合 B 中的元素，即若 $a\in A$，则 $a\in B$，我们就说集合 A 包含于集合 B 中，或集合 B 包含集合 A，记作________或 $B\supseteq A$，称集合 A 是集合 B 的子集．

2. 对于任何一个集合 A，都有 $\varnothing\subseteq A$，$A\subseteq A$.

笔　记

运用举例

例 1　用恰当的符号（$\in$，$\notin$，$\subseteq$，$\supseteq$）填空．

(1) 0 ____ $\varnothing$；　(2) $\{1\}$ ____ $\{x\mid x^2=1\}$；

(3) $\{x\mid x>1\}$ ____ $\{x\mid x>2\}$.

分析　元素与集合间的关系：$\in$，$\notin$；集合与集合间的关系：$\subseteq$，$\supseteq$.

解　(1)元素 0 不在集合 $\varnothing$ 中，所以填 $\notin$.

(2)由于集合 $\{x\mid x^2=1\}=\{1,-1\}$，集合 $\{1\}$ 是其子集，所以填 $\subseteq$.

(3)当 $x>2$ 时，一定有 $x>1$，即集合 $\{x\mid x>2\}$ 中的所有元素都是集合 $\{x\mid x>1\}$ 中的元素，所以填 $\supseteq$.

例 2　已知集合 $A=\{-2,3,2m-1\}$，$B=\{3,m^2\}$，且 $B\subseteq A$，求 m 的值．

分析　由 $B\subseteq A$，可得 $m^2=-2$（舍去）或 $m^2=2m-1$.

解　因为 $B\subseteq A$，所以 $m^2=-2$（舍去）或 $m^2=2m-1$，解得 $m=1$.

同步训练 1.2.1

改错与反思

水平一

一、选择题

1. 若集合 $A=\{a,b\}$，则下列关系式正确的是（　　）.

A. $a\in A$　　B. $a\notin A$　　C. $a\subseteq A$　　D. $a\supseteq A$

2. 下列关系式正确的是(　　).

A. $\varnothing\notin\{0\}$　　B. $\varnothing\subseteq\{0\}$　　C. $\varnothing\supseteq\{0\}$　　D. $\varnothing\in\{0\}$

3. 已知集合 $M=\{1, 2, 3, 4\}$，则集合 M 的子集的个数为(　　).

A. 12　　B. 14　　C. 15　　D. 16

4. 下列结论中，正确的有(　　).

①$\varnothing$是任何一个集合的子集；

②任何一个集合都是它自身的子集；

③$\varnothing$没有子集；

④所有集合都有两个或两个以上的子集.

A. 0 个　　B. 1 个　　C. 2 个　　D. 3 个

二、填空题

1. 用符号“$\in$”“$\notin$”“$\subseteq$”“$\supseteq$”填空.

(1)$\mathbf{Z}$ ____ $\mathbf{Q}$；　(2)$\{0\}$____$\{x \mid x\geqslant 0\}$；

(3)$(-1, 2)$____$\{(x, y) \mid x+y=1\}$；

(4)$\{x \mid 0<x<3\}$____$\{x \mid -2x<5\}$.

2. 下列表示：①$\{0\}\subseteq\varnothing$；②$\{2\}\in\{x \mid x^2-3x+2=0\}$；③$2\subseteq\{2, 4, 6\}$；④$0\in\{0\}$. 其中错误的是________.

三、解答题

1. 已知集合 $A=\{a, b, c, d\}$，请写出含元素 a 的所有子集.

2. 求集合 $B=\{x\in\mathbf{Z} \mid 1<x<5\}$的所有子集.

水平二

1. 已知集合 $M=\{x \mid x>a\}$，$N=\{x \mid -2<x\leqslant 5\}$，且 $M\supseteq N$，求 a 的取值范围．

2. 已知集合 $A=\{1, 3\}$，$B=\{x \mid ax=1\}$，且 $B\subseteq A$，求 a 的值．

数学窗

约翰·维恩(John Venn)是19世纪英国哲学家和数学家，他在1881年发明了维恩图．英国剑桥大学凯斯学院的彩色玻璃窗上有对他的这个发明的纪念．维恩图用于展示在不同的事物群组(集合)之间的数学或逻辑联系，尤其适合用来表示集合(或类)之间的“大致关系”，它也常常被用来帮助推导(或理解推导过程)关于集合运算(或类运算)的一些规律．维恩图应用的范围很广．如今，它已在商业策略、创意表达、医学研究、计算机科学和理论物理学等很多领域里获得了广泛的应用．

1.2.2 真子集与相等集合

知识要点

1. 真子集：对于两个集合 A，B，如果集合 A 是集合 B 的子集，且集合 B 中至少有一个元素不属于集合 A，那么集合 A 叫作集合 B 的真子集，记作________或 $B \supsetneqq A$，读作"A 真包含于 B"或"B 真包含 A".

2. 相等集合：一般地，对于两个集合 A，B，如果 $A \subseteq B$，且 $B \subseteq A$，那么此时集合 A 与集合 B 的元素是完全一样的，则称集合 A 与集合 B ________，记作 $A=B$.

3. 若 $A \neq \varnothing$，则 $\varnothing \subsetneqq A$.

运用举例

例 1 已知集合 $A=\{m+2, 2m^2+m\}$，$B=\{3\}$，且 $B \subsetneqq A$，求 m 的值.

分析 因为 $B \subsetneqq A$，所以 $m+2=3$ 或 $2m^2+m=3$，建立方程求解，但要注意集合元素的互异性.

解 因为 $B \subsetneqq A$，所以 $3 \in A$.

当 $m+2=3$ 时，解得 $m=1$，此时 $A=\{3, 3\}$，不合题意，舍去；

当 $2m^2+m=3$ 时，解得 $m=-\dfrac{3}{2}$ 或 $m=1$(舍去).

所以 $m=-\dfrac{3}{2}$.

例 2 已知集合 $A=\{x \mid ax^2+bx-6=0\}$，$B=\{-2, 3\}$，且 $A=B$，求 a，b 的值.

分析 当集合 $A=B$ 时，两个集合中的元素完全相同.

解 因为集合 $A=B$，所以有 $-2 \in A$，$3 \in A$，

即 $\begin{cases} a(-2)^2+b(-2)-6=0, \\ 3^2a+3b-6=0, \end{cases}$ 化简为 $\begin{cases} 2a-b-3=0, \\ 3a+b-2=0, \end{cases}$

解得 $\begin{cases} a=1, \\ b=-1. \end{cases}$

笔 记

同步训练 1.2.2

改错与反思

水平一

一、选择题

1. 已知集合 $M=\{1, 2, 3, 4\}$，则集合 M 的真子集的个数为( ).

A. 12 B. 14 C. 15 D. 16

2. 已知集合 $M=\{x \mid x>2\sqrt{3}\}$，$a=2\sqrt{5}$，则下列关系中正确的是( ).

A. $a \subsetneqq M$ B. $a \in M$ C. $\{a\} \in M$ D. $\{a\} \supsetneqq M$

3. 已知集合 $P=\{x \mid x^2-9=0\}$，非空集合 $Q=\{x \mid ax-3=0\}$. 若 $Q \subsetneqq P$，则 a 的值为( ).

A. $\{-1, 0\}$ B. $\{0, 1\}$ C. $\{-1, 1\}$ D. $\{-1, 0, 1\}$

4. 下列结论中，正确结论的个数是( ).

①$\varnothing$是任何一个集合的真子集；

②$\varnothing$是集合$\{0\}$的真子集；

③如果集合 B 中含有集合 A 中没有的元素，那么集合 A 是集合 B 的真子集；

④若 $M \subseteq N$，则 $M \subsetneqq N$.

A. 1 B. 2 C. 3 D. 4

二、填空题

1. 用符号“$\in$”“$\notin$”“$\subsetneqq$”“$\supsetneqq$”“$=$”填空.

(1)a ____$\{a, b, c\}$；(2)$\mathbf{N}$ ____ $\mathbf{Z}$；(3)-2 ____ $\mathbf{N}$；

(4)$\{1, 2, 3, 4\}$____$\{2, 3\}$；

(5)$\{-1, 1\}$____$\{x \mid x^2-1=0\}$；

(6)$\{x \mid 1<x<2\}$____$\{x \mid -1<x<3\}$.

2. 已知集合 $A=\{0, 1\}$，则集合 A 的所有真子集为______.

三、解答题

1. 写出集合 $A=\{-2, -1, 0\}$的所有真子集.

2. 设集合 $A=\{x \mid x$ 是三角形$\}$，$B=\{x \mid x$ 是等腰三角形$\}$，$C=\{x \mid x$ 是等边三角形$\}$，写出它们之间所有的包含关系.

3. 已知集合 $A=\{(1,\ 2)\}$，$B=\left\{(x,\ y) \middle| \begin{cases} x+y=3, \\ x-y=-1 \end{cases}\right\}$，确定集合 A 与集合 B 之间的关系.

水平二

1. 已知集合 $A=\{2,\ -a^2+a-1\}$，$B=\{-1\}$，且 $B \subsetneqq A$，求 a 的值.

2. 已知集合 $A=\{x \mid mx^2-nx+6=0\}$，$B=\{2,\ 3\}$，且 $A=B$，求 m，n 的值.

数学窗

罗素是英国哲学家、数学家、逻辑学家、历史学家、文学家，也是分析哲学的主要创始人，还是世界和平运动的倡导者和组织者. 他的涉猎领域丰富多彩，纵横交错. 他在数学、逻辑学等方面都有着巨大的贡献，尤其是他的逻辑主义，在一定程度上推动了数学历史的发展. 他所提出的罗素悖论推动了 20 世纪逻辑学的发展. 他的一生中留下了许多经典名言. 比如，在一切道德品质之中，善良的本性在世界上是最需要的.

1.3　集合的基本运算

1.3.1　交集

笔　记

知识要点

1. 交集：$A \cap B=\{x \mid x \in A, 且 x \in B\}$.

2. 交集的性质：

(1)$A \cap B=B \cap A$；

(2)$A \cap A=A$，$A \cap \varnothing=\varnothing$；

(3)$A \cap B \subseteq A$，$A \cap B \subseteq B$；

(4)若 $A \subseteq B$，则 $A \cap B=A$.

运用举例

例 1　已知集合 $A=\{x \in \mathbf{Z} \mid -1<x<5\}$，$B=\{x \mid 0<x \leqslant 4\}$，求 $A \cap B$.

分析　根据交集的定义求解，注意集合是有限集还是无限集.

解　因为 $A=\{x \in \mathbf{Z} \mid -1<x<5\}=\{0, 1, 2, 3, 4\}$，

所以 $A \cap B=\{1, 2, 3, 4\}$.

例 2　已知集合 $A=\{1, 3, a\}$，$B=\{1, a^2-a+1\}$，且 $A \cap B=B$，求 a 的值.

分析　由 $A \cap B=B$，可知 $B \subseteq A$，建立方程求解，注意集合元素的互异性.

解　因为 $A \cap B=B$，所以 $B \subseteq A$，

于是 $a^2-a+1=3$ 或 $a^2-a+1=a$，

由 $a^2-a+1=3$ 得 $a=2$ 或 $a=-1$，都满足条件；

由 $a^2-a+1=a$ 得 $a=1$，不符合集合元素的互异性，应舍去.

综上，$a=2$ 或 $a=-1$.

同步训练 1.3.1

改错与反思

水平一

一、选择题

1. 已知集合 $A=\{a, b\}$，$B=\{c, b\}$，则 $A\cap B=$（　　）.

A. $\varnothing$　　B. $\{a\}$　　C. $\{b\}$　　D. $\{c\}$

2. 已知集合 $A=\{-1, 0, 1, 2, 3, 4\}$，$B=\{x \mid x\geqslant 2\}$，则 $A\cap B=$（　　）.

A. $\{-1, 0, 1\}$　　B. $\{0, 1, 2\}$

C. $\{1, 2, 3\}$　　D. $\{2, 3, 4\}$

3. 已知集合 $M=\{x \mid x>2\}$，$N=\{x \mid -3<x\leqslant 5\}$，则 $M\cap N=$（　　）.

A. $\{x \mid -3<x<2\}$　　B. $\{x \mid 2<x\leqslant 5\}$

C. $\{x \mid x>5\}$　　D. $\{x \mid x\leqslant 2\}$

4. 已知集合 $Q=\{(x, y) \mid x+y=4\}$，$P=\{(x, y) \mid 3x-y=4\}$，则 $Q\cap P=$（　　）.

A. $\{(1, 3)\}$　　B. $\{(1, -1)\}$

C. $\{(2, 2)\}$　　D. $\{(3, 1)\}$

二、填空题

1. 已知集合 $A=\{-1, 2, 3\}$，$B=\{-1, 0, 4\}$，则 $A\cap B=$________.

2. 已知集合 $A=\{x \mid -1\leqslant x<2\}$，$B=\{x \mid 0\leqslant x<5\}$，则 $A\cap B=$________.

三、解答题

1. 已知集合 $A=\{6, 8, 9\}$，$B=\{1, 3, 7, 8, 9\}$，$C=\{2, 6, 8, 9\}$.
求：(1)$A\cap C$，$B\cap C$；(2)$A\cap B\cap C$.

2. 已知集合 $M=\{x \mid x\geqslant 0\}$，$N=\{x \mid x^2-x-2=0\}$，求 $M\cap N$.

水平二

1. 设集合 $S=\{(x, y) \mid x-y=3\}$，$T=\{(x, y) \mid 2x+y=0\}$，求 $S\cap T$.

2.“文明风采”活动是中等职业学校开展德育工作的重要载体．某校组织10名同学参加“文明风采”活动中的演讲和舞蹈比赛，其中参加演讲比赛的同学有4名，参加舞蹈比赛的有8名．请问既参加演讲比赛又参加舞蹈比赛的同学有多少名？

3. 已知集合 $A=\{0, 3, a\}$，$B=\{3, a^2-a\}$，且 $A\cap B=B$，求 a 的值．

数学窗

“白马非马”中的数学——集合

2000多年前，我国有一个善于辩论的人叫公孙龙，他有一个著名的怪论，就是“白马非马”，难道白马不是马吗？其实公孙龙是对“是”字的利用——偷换概念．“是”字有三种含义：第一，“是”可以表示“等于”的意思；第二，“是”可以表示集合与元素的归属关系；第三，“是”可以表示集合与集合之间的包含关系．在公孙龙的辩论上，他先把“是”理解为等于，即如果白马是马，那么白马＝马；如果黑马是马，那么黑马＝马．这就得出了白马＝黑马的结论．然后他就偷换概念，把“是”理解为集合与集合之间的包含关系，白马集合不包含于马集合，也就是，白马非马．

1.3.2 并集

知识要点

1. 并集：$A\cup B=\{x \mid x\in A$ 或 $x\in B\}$.

2. 并集的性质：

(1)$A\cup B=B\cup A$；

(2)$A\cup A=A$，$A\cup\varnothing=A$；

(3)$A\subseteq A\cup A$，$B\subseteq A\cup B$；

(4)若 $B\subseteq A$，则 $A\cup B=A$.

笔 记

运用举例

例 1 已知集合 $A=\{1, a\}$，$B=\{0, 3\}$，且 $A\cap B=\{3\}$，求 $A\cup B$.

分析 理解交集和并集的含义.

解 由 $A\cap B=\{3\}$，得 $3\in A$.

因为 $A=\{1, a\}$，所以 $a=3$，

所以 $A\cup B=\{1, 3\}\cup\{0, 3\}=\{0, 1, 3\}$.

例 2 已知集合 $A=\{1, 2, a\}$，$B=\{1, a^2-a\}$，且 $A\cup B=A$，求 a 的值.

分析 由 $A\cup B=A$，可知 $B\subseteq A$，建立方程求解，注意集合元素的互异性.

解 因为 $A\cup B=A$，所以 $B\subseteq A$，

则有 $a^2-a=2$ 或 $a^2-a=a$.

由 $a^2-a=2$ 得 $a=2$(舍去)或 $a=-1$；

由 $a^2-a=a$ 得 $a=2$(舍去)或 $a=0$.

综上，$a=0$ 或 $a=-1$.

同步训练 1.3.2

改错与反思

水平一

一、选择题

1. 已知集合 $A=\{0, 1, 2, 4\}$，$B=\{4, 5, 6\}$，则 $A\cup B=($　　$)$.

A. $\{0, 1, 2, 3, 4\}$　　B. $\{0, 1, 2, 3, 4, 5\}$

C. $\{4\}$　　D. $\{0, 1, 2, 4, 5, 6\}$

2. 已知集合 $A=\{x \mid 1<x\leqslant 5\}$，$B=\{x \mid x\geqslant 3\}$，则 $A\cup B=$（　　）.

A. $\{x \mid x\leqslant 5\}$　　B. $\{x \mid 1<x\leqslant 5\}$

C. $\{x \mid x<1\}$　　D. $\{x \mid x>1\}$

3. 已知集合 $M=\{x \mid -1<x\leqslant 2\}$，$N=\{x \mid 0<x\leqslant 5\}$，则 $M\cup N=$（　　）.

A. $\{x \mid -1<x<0\}$　　B. $\{x \mid -1<x\leqslant 5\}$

C. $\{x \mid x\leqslant 5\}$　　D. $\{x \mid x>-1\}$

4. 已知集合 $P=\{1, 2, |a|\}$，$Q=\{3, a^2\}$，$Q\cap P=\{3\}$，则 $Q\cup P=$（　　）.

A. $\{1, 2, 3\}$　　B. $\{-3, 1, 2, 3\}$

C. $\{1, 2, 3, 9\}$　　D. $\{-3, 1, 2, 3, 9\}$

二、填空题

1. 已知集合 $A=\{x \mid x<5, x\in \mathbf{N}\}$，$B=\{3, 5, 6\}$，则 $A\cup B=$ ________.

2. 已知集合 $A=\{0\}$，$B=\{0, 1\}$，$C=\{-1, 0, 1\}$，则 $(A\cup B)\cap C=$ ________.

三、解答题

1. 已知集合 $A=\{2, 5, 7\}$，$B=\{1, 3, 4, 5, 9\}$，$C=\{2, 6, 8, 9\}$.

求：(1) $A\cup C$，$B\cup C$；(2) $(A\cap B)\cup C$.

2. 已知集合 $M=\{x \mid -3\leqslant x<0\}$，$N=\{x \mid -1\leqslant x<5\}$，求 $M\cup N$，$M\cap N$.

水平二

1. 已知集合 $A=\{x \mid x \geqslant a\}$，$B=\{x \mid -1<x \leqslant 4\}$，若 $A \cup B=A$，求 a 的取值范围．

2. 已知集合 $A=\{x \mid 2x^2+x+m=0\}$，$B=\{x \mid 2x^2+nx+2=0\}$，且 $A \cap B=\{-1\}$，求 $A \cup B$．

3.“文明风采”活动是中等职业学校开展德育工作的重要载体．某校组织同学参加“文明风采”活动中的演讲和舞蹈比赛，参加演讲比赛的同学有 4 名，参加舞蹈比赛的有 8 名，其中既参加演讲比赛又参加舞蹈比赛的同学有 2 名．请问该校一共派出多少名同学参加这两项比赛？

数学窗

谁在说谎

小明去钓鱼，但却不知道去鱼塘的路怎么走．他在路上遇到张三、李四和王五三个人，于是便向他们问路．谁知三个人各有各的说法，而且他们又都叮嘱小明不要相信别人的话．

张三：李四在说谎！

李四：王五在说谎！

王五：张三、李四都在说谎！

请问三个人中到底谁在说真话，谁在说谎呢？

1.3.3　全集与补集

知识要点

笔　记

1. 全集：一般地，如果一个集合含有我们研究的问题中涉及的全部元素，那么这个集合叫作全集，常用符号 U 表示．

2. 补集：设 U 是全集，A 是 U 的一个子集，则 $\complement_U A=\{x \mid x\in U$，且 $x\notin A\}$.

3. 补集的性质：(1)$A\cup(\complement_U A)=U$；(2)$A\cap(\complement_U A)=\varnothing$；(3) $\complement_U(\complement_U A)=A$.

运用举例

例 1　已知全集 $U=\{x\in \mathbf{N} \mid x\leqslant 10\}$，集合 $A=\{x\in \mathbf{Z} \mid 0<x\leqslant 4\}$，$B=\{4，5，6\}$，求 $\complement_U(A\cap B)$，$(\complement_U A)\cup B$.

分析　利用交集、并集、补集的定义求解．

解　因为 $U=\{x\in \mathbf{N} \mid x\leqslant 10\}$，$A=\{x\in \mathbf{Z} \mid 0<x\leqslant 4\}$，$B=\{4，5，6\}$，

所以 $A\cap B=\{4\}$，$\complement_U A=\{0，5，6，7，8，9，10\}$，

$\complement_U(A\cap B)=\{0，1，2，3，5，6，7，8，9，10\}$，

$(\complement_U A)\cup B=\{0，4，5，6，7，8，9，10\}$.

例 2　已知全集 $U=\{x\in \mathbf{Z} \mid -1\leqslant x\leqslant 3\}$，集合 $A=\{2，-a^2+a-1\}$，$B=\{1，-1，a\}$，且 $-1\in A$，求 $\complement_U(A\cup B)$.

分析　利用元素与集合的关系解出 a，注意集合元素的互异性．先求并集再求补集．

解　因为 $-1\in A$，所以 $-a^2+a-1=-1$，即 $a=0$ 或 $a=1$(舍去)，所以 $a=0$. 因此集合 $A=\{2，-1\}$，$B=\{1，-1，0\}$.

又因为 $U=\{-1，0，1，2，3\}$，$A\cup B=\{-1，0，1，2\}$，

所以 $\complement_U(A\cup B)=\{3\}$.

同步训练 1.3.3

改错与反思

水平一

一、选择题

1. 设全集 $U=\{1，2，3，4，5，6\}$，集合 $A=\{2，4\}$，则 $\complement_U A=($　　).

A. $\{1，2，3\}$　　B. $\{1，3，5，6\}$

C. $\{4, 5, 6\}$　　D. $\{1, 3, 4, 5, 6\}$

2. 设全集为 $U=\mathbf{R}$，集合 $A=\{x \mid 1<x\leqslant 5\}$，则 $\complement_U A=($　　$)$.

A. $\{x \mid x\leqslant 1\}$　　B. $\{x \mid 1\leqslant x<5\}$

C. $\{x \mid x\leqslant 1$ 或 $x>5\}$　　D. $\{x \mid x>5\}$

3. 设全集 $U=\{x\in\mathbf{Z} \mid |x|\leqslant 3\}$，集合 $M=\{0, 1, 2\}$，则 $\complement_U M=$（　　）.

A. $\{-3, -2, -1\}$　　B. $\{1, 2, 3\}$

C. $\{0, 1, 2, 3\}$　　D. $\{-3, -2, -1, 3\}$

4. 设全集为 $U=\mathbf{R}$，集合 $P=\{x \mid -1<x\leqslant 2\}$，$Q=\{x \mid 0\leqslant x<5\}$，则 $(\complement_U P)\cap Q=($　　$)$.

A. $\{x \mid 2<x<5\}$　　B. $\{x \mid 2\leqslant x<5\}$

C. $\{x \mid -1<x\leqslant 0\}$　　D. $\{x \mid x\leqslant -1\}$

二、填空题

1. 设全集 $U=\{1, 2, 3, 4, 5, 6\}$，$\complement_U A=\{3, 5\}$，则 $A=$________.

2. 设全集为 $\mathbf{R}$，集合 $M=\{x \mid -3\leqslant x<1\}$，$N=\{x \mid -1<x\leqslant 4\}$，则 $\complement_U(M\cup N)=$________.

三、解答题

1. 设全集 $U=\{x\in\mathbf{N} \mid x\leqslant 9\}$，集合 $A=\{1, 3, 4, 5, 9\}$，$B=\{2, 6, 8, 9\}$，求：

(1) $\complement_U A$，$\complement_U B$；(2) $\complement_U(A\cap B)$，$\complement_U(A\cup B)$.

2. 设全集 $U=\{x \mid -4\leqslant x\leqslant 6\}$，集合 $A=\{x \mid -2<x\leqslant 3\}$，$B=\{x \mid 3\leqslant x<5\}$，求 $A\cap B$，$A\cup B$，$\complement_U(A\cap B)$，$\complement_U(A\cup B)$.

水平二

1. 设全集$U=\{x\in \mathbf{N}_+ \mid x\leqslant 10\}$，$A\cap B=\{4, 5\}$，$A\cap \complement_U B=\{1, 2, 3\}$，$\complement_U(A\cup B)=\{6, 7, 8\}$，求集合$A$和$B$.

2. 已知全集$U=\{x\in \mathbf{Z} \mid -1\leqslant x\leqslant 3\}$，集合$A=\{2, a^2-a+1\}$，$B=\{1, -1, a\}$，且$1\in A$，求$\complement_U(A\cap B)$.

数学窗

强盗的难题

强盗抢劫了一个商人，并将他捆在树上，准备在杀掉他之前先戏弄一番．强盗对商人说：“我本想立即杀掉你，但在你临死之前，再给你一个机会，你说我会不会杀掉你，如果你说对了，我就放了你，绝不反悔！如果你说错了，我就杀掉你．”强盗以为商人逃不了一死，但聪明的商人仔细一想说：“你会杀掉我．”这下，轮到强盗发呆了：如果杀掉商人，那么商人就说对了，应该放了商人；如果放了商人，那么就说错了，又应该杀掉商人．强盗不知所措，只好将商人放了．

【数学欣赏】

有理数与第一次数学危机

有理数集$\mathbf{Q}$是英语中Quotient(商)的首字母，因为有理数都可以写成两整数的商．它的来源和古希腊毕达哥拉斯学派有关．

毕达哥拉斯学派认为“万物皆数(有理数)”，有理数就是要么它可以表示成一个整数，要么就是可以表示成两个整数比．因为整数也可以表示成整数比1，所以有理数的含义就是可以表示成整数比，即商的意思．

有理数分为三类，分别是：

第一类——整数．比如，1，2，3，…，这些数叫整数．

第二类——有限小数．比如，0.5，0.25，0.125.0.5 可以表示成$\frac{1}{2}$，所以它就是一个有理数；0.25 可以表示成$\frac{1}{4}$，是有理数；0.125 可以表示成$\frac{1}{8}$，也是有理数．

第三类——无限循环小数，也是有理数，同样可以写成整数比的形式．

然而不久，毕达哥拉斯学派的一个学生希伯索斯很快便发现了这个论断的问题．他发现正方形的对角线长并不能用整数或整数比来表示．假设正方形的边长为1，并设其对角线长为d，依勾股定理应有$d^2=2$，那么d是多少呢？d不是整数，希伯索斯花了很长时间来寻找这两个整数比，结果没找着，反而找到了两数不可通约性的证明．这一发现动摇了毕达哥拉斯学派的“万物皆数(有理数)”的根基，希伯索斯被迫流亡他乡，在一条海船上还遇到了毕氏门徒，于是希伯索斯被残忍地扔进了大海．

希伯索斯的发现，被称为数学史上的第一次危机，对以后 2000 多年数学的发展产生了深远的影响．人们为了纪念希伯索斯这位为真理而献身的可敬学者，把不能写成两个整数比的数取名“无理数”——这就是无理数的由来．这也为数学分析的发展奠定了基础，极大地推动了数学及其相关学科的发展．

第二单元 · 不等式

2.1 不等式的基本性质

笔 记

知识要点

1. 不等式的基本性质：

性质 1 $a>b \Leftrightarrow a\pm c>b\pm c$；

性质 2 $a>b$，$c>0 \Rightarrow ac$ ________ bc；

性质 3 $a>b$，$c<0 \Rightarrow ac$ ________ bc.

2. $a>b \Leftrightarrow a-b>0$，$a<b \Leftrightarrow a-b<0$，$a=b \Leftrightarrow a-b=0$.

3. 作差比较法：在比较两个数(式)的大小时，通常采用作差比较法，即通过判断差值的正负来判断两个数(式)的大小．

运用举例

例 1 用符号“>”或“<”填空，并说出运用了不等式的哪条性质(推论).

(1)若 $a<b$，则 $a+2$ ________ $b+4$. 运用________.

(2)若 $m>n$，则 $8m$ ________ $8n$. 运用________.

(3)若 $a>b$，则 $-2a$ ________ $-2b$. 运用________.

(4)若 $a<b$，则 $4-3a$ ________ $4-3b$. 运用________.

分析 运用不等式的基本性质与推论可判断．

解 (1)因为 $a<b$，$2<4$，运用性质 1，可得 $a+2<b+4$；

(2)因为 $m>n$，$8>0$，运用性质 2，可得 $8m>8n$；

(3)因为 $a>b$，$-2<0$，运用性质 3，可得 $-2a<-2b$；

(4)因为 $a<b$，$-3<0$，运用性质 3，可得 $-3a>-3b$，再运用性质 1，可得 $4-3a>4-3b$.

例 2　比较 x^2+3x-4 与 $(x-4)(x+7)$ 的大小.

分析　要比较两式大小，一般用作差比较法，注意先计算再判断.

解　因为 $x^2+3x-4-(x-4)(x+7)$

$=x^2+3x-4-x^2-3x+28$

$=24>0$，

所以 $x^2+3x-4>(x-4)(x+7)$.

同步训练 2.1

改错与反思

水平一

一、选择题

1. 如果 $x<y$，那么下列各式正确的是(　　).

A. $x+3<y+3$　　B. $3x>2y$

C. $-7x<-7y$　　D. $\frac{x}{-5}<\frac{y}{-5}$

2. 下列不等式：①$m-2>m-3$；②$4-m>2-m$；③$2+m>2-m$；④$\frac{m}{2}>\frac{m}{3}$. 其中正确的有(　　).

A. 1 个　　B. 2 个　　C. 3 个　　D. 4 个

3. 不等式 $5x+3>0$ 的解集是(　　).

A. $\left\{x \middle| x>\frac{3}{5}\right\}$　　B. $\left\{x \middle| x>-\frac{3}{5}\right\}$

C. $\left\{x \middle| x<-\frac{3}{5}\right\}$　　D. $\left\{x \middle| x>-\frac{5}{3}\right\}$

4. 若 $a<b<0$，下列不等式中不成立的是(　　).

A. $|a|>|b|$　　B. $\frac{1}{a}>\frac{1}{b}$　　C. $\frac{1}{a-b}>\frac{1}{a}$　　D. $a^2>b^2$

二、填空题

1. 比较大小.

(1) $\frac{10}{3}$____ π；　　(2) $\frac{9}{7}$____$\frac{4}{3}$.

2. 用符号“>”或“<”填空.

(1)若 $a>b$，则 $a+3$ ____ $b+3$；

(2)若 $ac^2<bc^2$，则 a ____ b；

(3)若 $1-2x<0$，则 x ____ $\frac{1}{2}$.

三、解答题

1. 比较 $(x+4)(x-5)$ 与 $(x-2)(x+1)$ 的大小.

2. 解不等式 $\frac{x-1}{2}>\frac{2x+5}{3}$.

水平二

1. 若 $b<a<0$，$m<0$，比较 $\frac{a}{b}$ 与 $\frac{a+m}{b+m}$ 的大小.

2. 比较 $(x+4)(2x+1)$ 与 $(x-2)(x+11)$ 的大小.

3. 小明有单价为 a 元的笔记本 4 个、单价为 b 元的笔 3 支，准备以相同的单价 $\frac{a+b}{2}$ 元卖给有需要的同学，结果他算了支付价格发现亏了，请问为什么？帮小明找找原因.

2.2 区间

笔 记

知识要点

1. 区间的定义：设 a，b 是两个实数，且 $a<b$，我们规定：

(1)满足不等式 $a\leqslant x\leqslant b$ 的 x 的集合叫作________区间，表示为$[a, b]$.

(2)满足不等式 $a<x<b$ 的 x 的集合叫作________区间，表示为(a, b).

(3)满足不等式 $a\leqslant x<b$ 的 x 的集合叫作________区间，表示为$[a, b)$；满足不等式 $a<x\leqslant b$ 的 x 的集合叫作________区间，表示为$(a, b]$.

(4)满足不等式 $x\geqslant a$，$x>a$，$x\leqslant a$，$x<a$ 的 x 的集合分别表示为 $[a, +\infty)$，$(a, +\infty)$，$(-\infty, a]$，$(-\infty, a)$.

2. 区间表示法所表示的数集的理解要结合数轴，数形结合直观感受区间的概念与几何意义.

运用举例

例 1 指出下列区间的类型，并用集合表示该区间.

(1)$(3, 4)$；　　(2)$[1, 2]$；　　(3)$[-1, 1)$；

(4)$(-\infty, \pi)$；　　(5)$[5, +\infty)$；　　(6)$\left(-\dfrac{1}{2}, \pi\right]$.

分析 判断不同类型的区间，掌握区间与集合之间的表示方法.

解 (1)$(3, 4)$是开区间，集合表示：$(3, 4)=\{x \mid 3<x<4\}$；

(2)$[1, 2]$是闭区间，集合表示：$[1, 2]=\{x \mid 1\leqslant x\leqslant 2\}$；

(3)$[-1, 1)$是左闭右开区间，集合表示：$[-1, 1)=\{x \mid -1\leqslant x<1\}$；

(4)$(-\infty, \pi)$是开区间，集合表示：$(-\infty, \pi)=\{x \mid x<\pi\}$；

(5)$[5, +\infty)$是左闭右开区间，集合表示：$[5, +\infty)=\{x \mid x\geqslant 5\}$；

(6)$\left(-\dfrac{1}{2}, \pi\right]$是左开右闭区间，集合表示：$\left(-\dfrac{1}{2}, \pi\right]=\left\{x \mid -\dfrac{1}{2}<x\leqslant\pi\right\}$.

例 2 已知集合 $A=(-2, 3)$，$B=(0, 6]$，用数轴表示集合 A，B，并用区间表示 $A\cap B$，$A\cup B$.

分析 在数轴上将区间表示出来，由交、并集运算可求出结果，解题过程中注意正确表示端点的取值情况.

解　集合 A，B 在数轴上如图 2-1 所示．

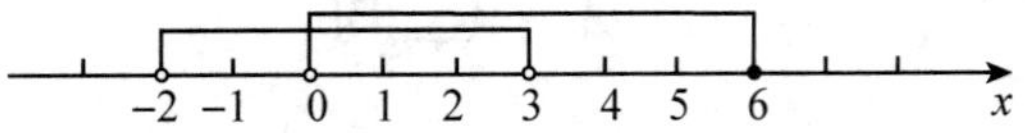

图 2-1

由数轴可得，$A\cap B=(0,\ 3)$，$A\cup B=(-2,\ 6]$.

例 3　解一元一次不等式组$\begin{cases}4x-2>x-5,\\ \dfrac{x+3}{2}-7<0,\end{cases}$并用区间表示解集．

分析　解不等式组是分别求出不等式的解，再求其交集，最后用区间表示解集．

解　$\begin{cases}4x-2>x-5, & ①\\ \dfrac{x+3}{2}-7<0, & ②\end{cases}$

由①得，$3x>-3$，解得 $x>-1$.

由②得，$x+3-14<0$，解得 $x<11$.

不等式组的解为 $-1<x<11$.

所以，原不等式组的解集为 $(-1,\ 11)$.

同步训练 2.2

改错与反思

水平一

一、选择题

1. 据某市气象台预计，该市某日最高气温 25 ℃，最低气温 14 ℃，则该市当日的气温 x ℃的变化范围用区间表示为(　　).

A. $(25,\ 14)$　　B. $[14,\ 25)$

C. $(14,\ 25]$　　D. $[14,\ 25]$

2. 不等式$\dfrac{2x+1}{3}>1-\dfrac{1-x}{2}$的解集为(　　).

A. $(-\infty,\ 1]$　　B. $(-\infty,\ 1)$

C. $(1,\ +\infty)$　　D. $[1,\ +\infty)$

3. 不等式 $0<\dfrac{x-1}{2}<3$ 的解集为(　　).

A. $(1,\ 7)$　　B. $[1,\ 7]$

C. $[-1,\ 5]$　　D. $(-1,\ 5)$

4. 不等式组$\begin{cases} x-1>4, \\ 2-3x<6 \end{cases}$的解集为(　　).

A. $(5, +\infty)$　　　　B. $\left(-\infty, -\frac{4}{3}\right)$

C. $\left(-\frac{4}{3}, 5\right)$　　　　D. $\left(-\frac{4}{3}, +\infty\right)$

5. 区间$(-2, 1]$在数轴上表示(阴影部分)正确的是(　　).

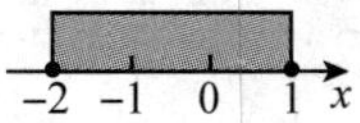

A.

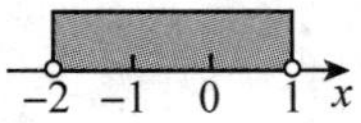

B.

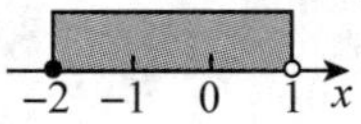

C.

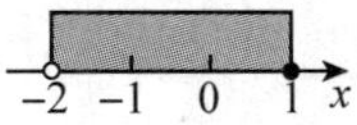

D.

二、填空题

1. 用区间表示不等式 $3x-5\leqslant 1$ 的解集为________.

2. 已知全集为 $\mathbf{R}$，集合 $A=(0, 5)$，则 $\complement_{\mathbf{R}}A=$________(用区间表示).

三、解答题

1. 求不等式 $x\geqslant \frac{x}{3}-6$ 的解集，并用区间表示.

2. 已知不等式组$\begin{cases} x-a>0, \\ x-b\geqslant 0 \end{cases}$$(a<b)$，求不等式组的解集，并用区间表示.

3. 设 $\mathbf{R}$ 为全集，集合 $A=[-3, 5)$，$B=[-5, 3)$，用区间表示下列集合．

(1)$A\cup B$；　(2) $\complement_{\mathbf{R}}B$；　(3)$A\cap \complement_{\mathbf{R}}B$.

水平二

1. 求不等式组$\begin{cases}2(x+3)-7>3(x-1), \\ \dfrac{1+3x}{2}<\dfrac{x-1}{5}\end{cases}$的解集，并用区间表示．

2. 已知区间 $A=(-3, 3)$，$B=(-2, m)$，且 $A\supseteq B$，求 m 的取值范围，并用区间表示．

2.3　一元二次不等式

2.3.1　一元二次不等式的概念

知识要点

1. 一元二次不等式的概念：一般地，只含有一个未知数，且未知数的最高次数为 2 的整式不等式，叫作一元二次不等式．一元二次不等式的一般表达式为 $ax^2+bx+c>0(\geqslant 0)$ 或 $ax^2+bx+c<0(\leqslant 0)$，其中 a，b，c 均为常数，且 $a\neq 0$.

2. 一元二次函数与一元二次方程、一元二次不等式的联系．

一元二次函数 $y=ax^2+bx+c$，$a\neq 0$. 当 $y=0$，即 $ax^2+bx+c=0$，为一元二次方程；当 $y>0(\geqslant 0，<0，\leqslant 0)$，即 $ax^2+bx+c>0(\geqslant 0，<0，\leqslant 0)$为一元二次不等式．因此我们借助一元二次函数的图像性质来求解一元二次不等式和一元二次方程．

笔　记

运用举例

例 1　解下列一元二次方程．

(1)$x^2-9=0$；　　(2)$x^2-2x=0$；

(3)$x^2-x-12=0$；　　(4)$3x^2-x-1=0$.

分析　我们可以用开平方法、配方法、因式分解法、求根公式法等方法求解一元二次方程．

解　(1)因为 $x^2-9=0$，可得 $x^2=9$，用开平方法解得 $x=\pm 3$；

(2)将方程 $x^2-2x=0$ 左边提取公因式得 $x(x-2)=0$，解得 $x_1=0$，$x_2=2$；

(3)利用因式分解由 $x^2-x-12=0$ 得$(x+3)(x-4)=0$，解得 $x_1=-3$，$x_2=4$；

(4)由 $3x^2-x-1=0$ 得方程判别式 $\Delta=(-1)^2-4\times 3\times(-1)=13$，

根据求根公式法得 $x=\dfrac{-(-1)\pm\sqrt{13}}{2\times 3}=\dfrac{1\pm\sqrt{13}}{6}$.

例 2　已知二次函数 $y=-x^2+4x$.

(1)求出二次函数图像的开口方向、对称轴和顶点坐标，并画出二次函数的图像；

(2)当 x 取何值时，y 取得最大值？

(3)观察图像，指出 x 分别为何值时，$y\leqslant 0$，$y>0$？

分析　(1)根据函数的二次项系数可判断图像开口向下，根据公式写出顶点坐标与对称轴，令 $y=0$ 可求出二次函数图像与 x 轴的交点横坐标的值，从而画出二次函数的大致图像．(2)根据图像的顶点坐标可分析出 x 取何值时，y 取得最大值．(3)二次函数图像被 x 轴分割为上、下两部分．根据 x 轴上方的图像，其点的纵坐标 $y>0$，对应的横坐标即为 x 的取值范围；根据 x 轴下方(含与 x 轴交点)的图像，可写出 $y\leqslant 0$ 对应的 x 的取值范围．

解　(1)由 $y=-x^2+4x$ 知二次项系数 $-1<0$，所以二次函数的图像开口向下，有最大值，对称轴为 $x=-\dfrac{4}{2\times(-1)}=2$，即 $x=2$，顶点坐标为 $(2,4)$；令 $y=0$，则 $-x^2+4x=0$，即 $-x(x-4)=0$，解得 $x_1=0$，$x_2=4$，所以二次函数的图像与 x 轴的交点分别为 $(0,0)$，$(4,0)$．

画出二次函数的图像如图 2-2 所示．

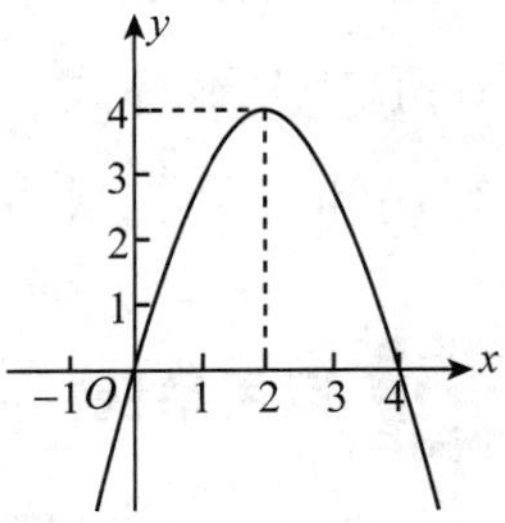

图 2-2

(2)观察二次函数的图像可得，

当 $x=2$ 时，$y_{\max}=4$.

(3)二次函数的图像被 x 轴分割为上、下两部分．根据 x 轴下方的图像(含与 x 轴交点)，其点的纵坐标 $y\leqslant 0$，对应的横坐标 x 的取值范围是 $x\leqslant 0$ 或 $x\geqslant 4$；对 x 轴上方的图像，其点的纵坐标 $y>0$，此时对应的横坐标 x 的取值范围是 $0<x<4$.

同步训练 2.3.1

改错与反思

水平一

一、选择题

1. 方程 $x^2+8x+16=0$ 的解为(　　).

A. 4　　B. -4　　C. ± 4　　D. 2

2. 二次函数 $y=ax^2+bx+c$，$a\neq 0$ 的图像如图所示，则方程 $ax^2+bx+c=0$ 的解为(　　).

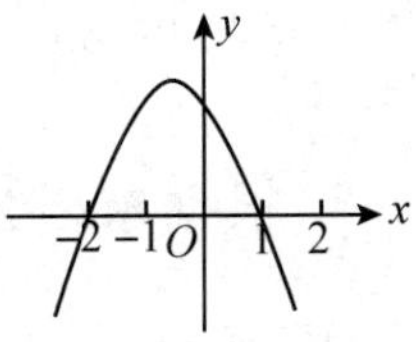

第 2 题图

A. -2 和 1　　B. -2 和 -1

C. -1 和 1　　D. 1 和 2

3. 关于 x 的一元二次方程 $2x^2+kx-6=0$ 有一个实数根为 2，则 $k=$（　　）.

A. -2　　B. 0　　C. -1　　D. 2

4. 关于 x 的一元二次方程 $x^2-2(k-1)x+k^2=0$ 有两个不相等的实数根，则 k 的取值范围是（　　）.

A. $\left(\frac{1}{2}, +\infty\right)$　　B. $(-\infty, 2)$

C. $\left(-\infty, \frac{1}{2}\right)$　　D. $\left(-\infty, \frac{1}{2}\right]$

5. 二次函数 $y=ax^2-bx+c$ 的图像如图所示，则当 $y>0$ 时，x 的取值范围是（　　）.

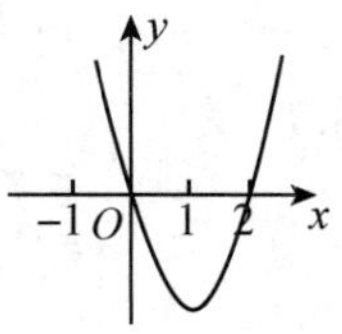

第 5 题图

A. $(-\infty, 0)\cup(2, +\infty)$

B. $(-\infty, 0)$

C. $(2, +\infty)$

D. $(0, 2)$

二、填空题

1. 方程 $(2x-1)(x+5)=0$ 的解为________.

2. 若关于 x 的一元二次方程 $\frac{x^2}{2}-3x+k=0$ 无实数根，则 k 的最小整数值为________.

三、解答题

1. 解下列一元二次方程.

(1) $2x^2-8=0$；　(2) $x^2-3x-10=0$.

2. 已知二次函数 $y=2(x-3)^2-8$.

(1)指出二次函数图像的开口方向、对称轴和顶点坐标，并作出其函数图像；

(2)观察函数图像，指出 x 分别为何值时，$y=0$，$y<0$，$y>0$.

水平二

如图所示为二次函数 $y=x^2+ax+c$ 的部分图像，其中 A 点坐标为(1，0)，B 点坐标为(0，−3).

(1)求 a 和 c 的值，并写出二次函数的解析式；

(2)结合函数图像，当 $y\geqslant0$ 时，求对应的 x 的取值范围 .

2.3.2　一元二次不等式的基本解法

知识要点

1. 一元二次不等式的解集.

一元二次不等式	$\Delta>0$	$\Delta=0$	$\Delta<0$
$ax^2+bx+c>0$ $(a>0)$	$\{x \mid x<x_1$ 或 $x>x_2\}$	$\left\{x \middle\| x\neq -\frac{b}{2a}\right\}$	$\mathbf{R}$
$ax^2+bx+c\geqslant 0$ $(a>0)$	$\{x \mid x\leqslant x_1$ 或 $x\geqslant x_2\}$	$\mathbf{R}$	$\mathbf{R}$
$ax^2+bx+c<0$ $(a>0)$	$\{x \mid x_1<x<x_2\}$	$\varnothing$	$\varnothing$
$ax^2+bx+c\leqslant 0$ $(a>0)$	$\{x \mid x_1\leqslant x\leqslant x_2\}$	$\left\{x \middle\| x=-\frac{b}{2a}\right\}$	$\varnothing$

备注：$x_1<x_2$.

2. 求解一元二次不等式的基本步骤.

第一步，计算. 计算相应一元二次方程的判别式，确定二次函数的图像与 x 轴的位置关系；若有交点，则需计算出交点坐标.

第二步，画简图. 根据二次函数的开口方向、对称轴、顶点或与 x 轴的交点画出简图.

第三步，写解集. 根据二次函数的图像，写出一元二次不等式的解集.

运用举例

例 1　利用二次函数的图像解下列一元二次不等式.

(1)$x^2+3x-4\leqslant 0$；　(2)$-x^2+9>0$.

分析　根据一元二次不等式的基本步骤求解.

解　(1)根据二次函数 $y=x^2+3x-4$，可知 $a=1>0$，开口向上，因为 $\Delta=3^2-4\times1\times(-4)=25>0$，所以二次函数的图像与 x 轴有两个交点. 令 $x^2+3x-4=0$，解得 $x_1=-4$，$x_2=1$，可画出二次函数的简图(如图 2-3). 根据图像可知，当 $y\leqslant 0$ 时，对应的 x 的取值范围是$\{x \mid -4\leqslant x\leqslant 1\}$.

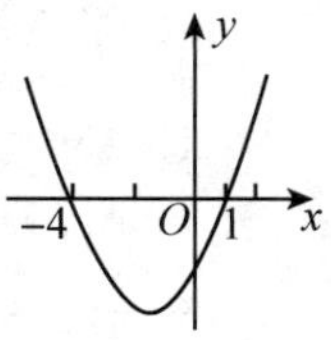

图 2-3

因此，不等式 $x^2+3x-4\leqslant 0$ 的解集是$[-4, 1]$.

笔记

(2)根据二次函数 $y=-x^2+9$，可知 $a=-1<0$，开口向下，因为 $\Delta=0^2-4\times(-1)\times9=36>0$，所以二次函数的图像与 x 轴有两个交点．令 $-x^2+9=0$，解得 $x_1=-3$，$x_2=3$，可画出二次函数的简图(如图 2-4)．根据图像可知，当 $y>0$ 时，对应的 x 的取值范围是 $\{x\mid -3<x<3\}$.

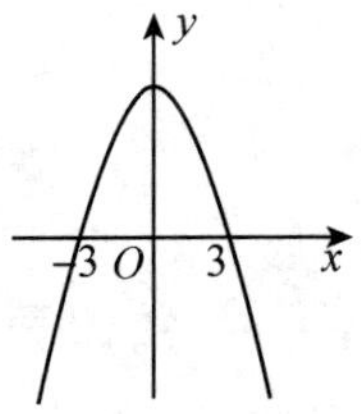

图 2-4

因此，不等式 $-x^2+9>0$ 的解集是 $(-3,\ 3)$.

例 2　解一元二次不等式 $3x^2-x-1>0$.

分析　按照一元二次不等式的基本步骤求解，注意判断两根的大小．

解　根据二次函数 $y=3x^2-x-1$，可知 $a=3>0$，开口向上，因为 $\Delta=(-1)^2-4\times3\times(-1)=13>0$，所以二次函数的图像与 x 轴有两个交点．令 $3x^2-x-1=0$，解得 $x_1=\dfrac{1-\sqrt{13}}{6}$，$x_2=\dfrac{1+\sqrt{13}}{6}$.

由于 $x_1<x_2$，且 $x_1<0$，$x_2>0$，可画出二次函数的简图(如图 2-5)．根据图像可知，当 $y>0$ 时，对应的 x 的取值范围是 $\left\{x\,\middle|\, x<\dfrac{1-\sqrt{13}}{6}\text{或 }x>\dfrac{1+\sqrt{13}}{6}\right\}$.

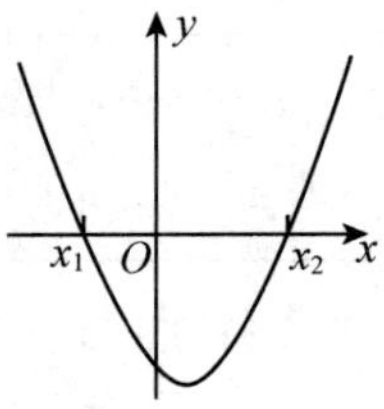

图 2-5

因此，不等式 $3x^2-x-1>0$ 的解集是 $\left(-\infty,\ \dfrac{1-\sqrt{13}}{6}\right)\cup\left(\dfrac{1+\sqrt{13}}{6},\ +\infty\right)$.

同步训练 2.3.2

改错与反思

水平一

一、选择题

1. 不等式 $2x^2+3x>0$ 的解集为(　　).

A. $\left(-\infty,\ -\dfrac{3}{2}\right)\cup(0,\ +\infty)$　　B. $\left(-\dfrac{3}{2},\ 0\right)$

C. $(-\infty,\ 0)\cup\left(\dfrac{3}{2},\ +\infty\right)$　　D. $\left(0,\ \dfrac{3}{2}\right)$

2. 一元二次不等式 $ax^2+bx+c<0$ 的解集为 $\mathbf{R}$，则 a 与 $\Delta=b^2-4ac$ 的取值情况为(　　).

A. $a>0$，$\Delta<0$　　B. $a>0$，$\Delta\leqslant0$

C. $a<0$，$\Delta<0$　　D. $a<0$，$\Delta\leqslant0$

3. 如图所示，二次函数 $y=ax^2+bx+c$ 的图像，根据图像，一元二次不等式 $ax^2+bx+c\leqslant 0$ 的解集为(　　).

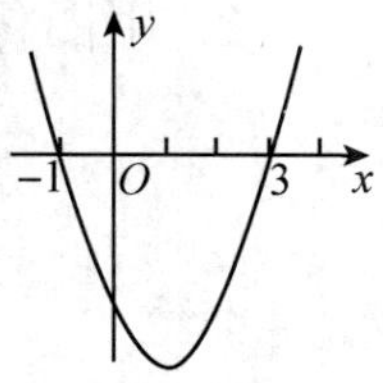

第 3 题图

A. $(-\infty, -1)\cup(3, +\infty)$

B. $(-1, 3)$

C. $(-\infty, -1]\cup[3, +\infty)$

D. $[-1, 3]$

4. 一元二次不等式 $x^2+1>-2x$ 的解集为(　　).

A. $\varnothing$　　B. **R**

C. $(-\infty, 1)\cup(1, +\infty)$　　D. $(-\infty, -1)\cup(-1, +\infty)$

5. 一元二次不等式 $ax^2+bx+c<0$，且 $a<0$，若不等式的解集是 $(-\infty, -3)\cup(4, +\infty)$，则二次函数 $y=ax^2+bx+c$ 的简图正确的是(　　).

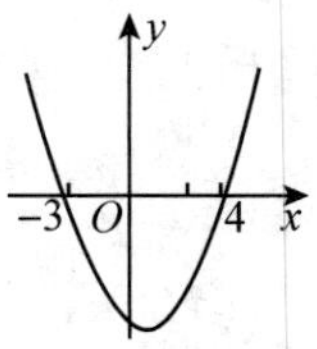

A.

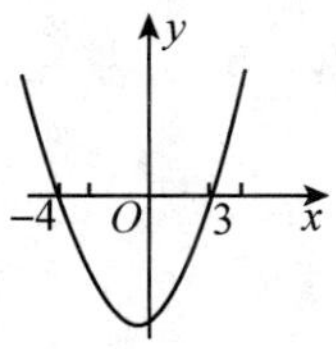

B.

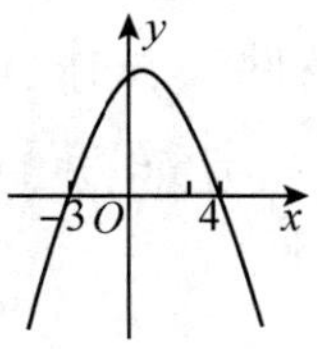

C.

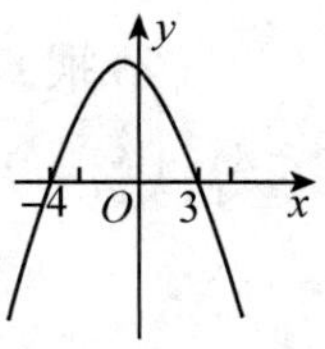

D.

二、填空题

1. 计算方程 $x^2+3x-18=0$ 的解为________，在平面直角坐标系中画出二次函数 $y=x^2+3x-18$ 的简图，根据图像求不等式 $x^2+3x-18<0$ 的解集为________，不等式 $x^2+3x-18\geqslant 0$ 的解集为________.

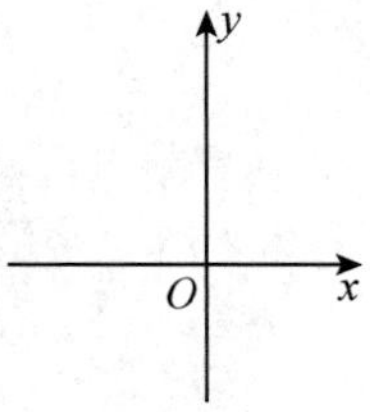

第 1 题图

2. 已知二次函数 $y=x^2+2x-8$，若 $y\leqslant 0$，则实数 x 的取值范围是________.

三、解答题

1. 作出二次函数对应的简图，解下列一元二次不等式.

(1) $x^2+2\geqslant -3x$；　　(2) $3x^2-6x+4<0$.

2. 用图像法解不等式 $4x^2-2x-1<0$.

水平二

1. 如图所示，二次函数 $y=ax^2+bx+c$ 的图像，过点(0，1)，(4，1)，顶点坐标为(2，−1).

(1)根据图像写出不等式 $ax^2+bx+c>1$ 的解集；

(2)根据已知条件，试求出二次函数 $y=ax^2+bx+c$ 的解析式，并求出不等式 $ax^2+bx+c<0$ 的解集.

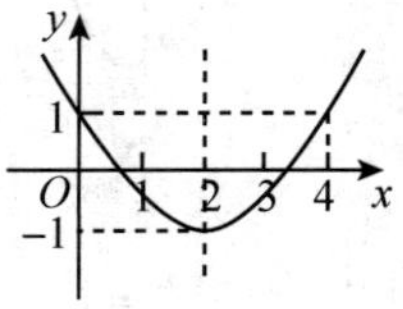

第 1 题图

2. 关于 x 的不等式 $(m+2)x^2-2(m+2)x+5>0$ 的解集为 **R**，试求 m 的取值范围.

2.3.3 特殊类型一元二次不等式的解法

笔 记

知识要点

特别类型一元二次不等式：一元二次方程$(x-p)(x-q)=0$(其中p，q为实数)有两个不相等的实数解$x_1=p$，$x_2=q$，且$p<q$，则有如下结论．

(1)不等式$(x-p)(x-q)<0$的解集为________；

(2)不等式$(x-p)(x-q)>0$的解集为________；

(3)不等式$(x-p)(x-q)\leqslant 0$的解集为________；

(4)不等式$(x-p)(x-q)\geqslant 0$的解集为________．

运用举例

例 1 解下列一元二次不等式．

(1)$x^2+5x-6\leqslant 0$；　　(2)$14-x^2<5x$．

分析 注意将二次项系数由负数变为正数时不等号方向要改变．

解 (1)由求根公式得$x^2+5x-6=0$的两根分别为$x_1=-6$，$x_2=1$，所以不等式可整理为$[x-(-6)](x-1)\leqslant 0$，所以不等式的解集为$[-6, 1]$．

(2)由$14-x^2<5x$得$x^2+5x-14>0$，因式分解得$(x+7)(x-2)>0$，即$[x-(-7)](x-2)>0$，所以不等式的解集为$(-\infty, -7)\cup(2, +\infty)$．

例 2 解下列一元二次不等式．

(1)$(x^2-3x)+(x-3)^2\geqslant 0$；(2)$(2x)^2<3$.

分析 注意化简为特殊类型一元二次不等式．

解 (1)由$(x^2-3x)+(x-3)^2\geqslant 0$化简得$(x-3)(2x-3)\geqslant 0$，所以不等式的解集为$\left(-\infty, \frac{3}{2}\right]\cup[3, +\infty)$.

(2)由$(2x)^2<3$可得$(2x)^2-(\sqrt{3})^2<0$，即$(2x+\sqrt{3})(2x-\sqrt{3})<0$，所以不等式的解集为$\left(-\frac{\sqrt{3}}{2}, \frac{\sqrt{3}}{2}\right)$.

改错与反思

同步训练 2.3.3

水平一

一、选择题

1. 一元二次不等式$(x-1)(x-2)<0$的解集为(　　).

A. $(-\infty, 1)\cup(2, +\infty)$

B. $(1, 2)$

C. $(-\infty, -2)\cup(-1, +\infty)$

D. $(-2, -1)$

2. 一元二次不等式$x^2+x-12>0$的解集为(　　).

A. $(-\infty, -3)\cup(4, +\infty)$

B. $(-3, 4)$

C. $(-\infty, -4)\cup(3, +\infty)$

D. $(-4, 3)$

3. 一元二次不等式$4x-x^2\geqslant-5$的解集为(　　).

A. $(-\infty, -1]\cup[5, +\infty)$

B. $[-1, 5]$

C. $(-\infty, -5]\cup[1, +\infty)$

D. $[-5, 1]$

4. 一元二次不等式$x^2\geqslant-\dfrac{2x}{5}$的解集为(　　).

A. $\left(-\infty, -\dfrac{2}{5}\right)\cup(0, +\infty)$

B. $(-\infty, 0]\cup\left[\dfrac{2}{5}, +\infty\right)$

C. $\left(-\infty, -\dfrac{2}{5}\right]\cup[0, +\infty)$

D. $\left[-\dfrac{2}{5}, 0\right]$

5. 已知一元二次不等式$ax^2+bx+c\leqslant0(a>0)$的解集为$[-5, 8]$，则二次函数$y=x^2+bx+c$的解析式可能是(　　).

A. $y=x^2-3x-40$　　B. $y=x^2-13x+40$

C. $y=x^2+3x-40$　　D. $y=x^2+13x+40$

二、填空题

1. 方程$(6x-5)(x+4)=0$的解为________，不等式$(6x-5)(x+4)<0$的解集为________，不等式$(6x-5)(x+4)\geqslant 0$的解集为________.

2. 方程$1-4x^2=0$的解为________，不等式$1-4x^2<0$的解集为________，不等式$1-4x^2\geqslant 0$的解集为________.

3. 一元二次方程$ax^2+bx+c=0$的两根分别为3和4，且$a<0$，则不等式$ax^2+bx+c<0$的解集是________.

三、解答题

1. 解下列一元二次不等式.

(1)$4x^2-3x+2<0$；　　(2)$4-x^2\leqslant x+2$；

(3)$(2x)^2-(x+1)^2\geqslant 0$；　　(4)$9x^2\leqslant(x+2)^2$.

2. 二次函数$y=x^2+4x-4$，求$y>1$时，x的取值范围.

水平二

1. 已知关于x的不等式$x^2+ax+b<0$的解集是$\{x\mid -2<x<3\}$.

(1)求a，b的值；

(2)求不等式$x^2-ax+b\geqslant 0$的解集.

2. 已知关于 x 的不等式 $x^2-8x+7>0$ 的解集为 M，不等式 $x(x-2)-x-10>0$ 的解集为 P，不等式 $x^2+bx+c>0$ 的解集为 $M\cup P$.

(1)求 $b+c$ 的值；

(2)求关于 x 的不等式 $x^2-bx+c\leqslant 0$ 的解集.

3. 已知集合 $A=\{x\mid x^2-2x-15>0\}$，$B=\{x\mid x^2-10x+9<0\}$，求 $A\cup B$，$A\cap B$.

2.4 含绝对值的不等式

知识要点

1. 绝对值的定义：数轴上表示数 a 的点与原点之间的距离叫作 a 的绝对值，记作 $|a|$. 当 $|x|=a(a>0)$时，则 $x=$________或________.

笔 记

2. 含绝对值的不等式的解集：

当 $a>0$ 时，

(1) $|x|\leqslant a$ 的解集为____________；

(2) $|x|>a$ 的解集为____________.

当 $a>0$，$c>0$ 时，

(1) $|ax+b|\leqslant c$ 的解集为____________；

(2) $|ax+b|>c$ 的解集为____________.

运用举例

例 1 解下列不等式.

(1) $|x|>5$；(2) $|-3x-4|\geqslant 2$；(3) $2|x-1|<7$.

分析 根据含绝对值不等式的解集求解即可.

解 (1)由 $|x|>5$ 得 $x<-5$ 或 $x>5$，

所以不等式的解集为$(-\infty, -5)\cup(5, +\infty)$.

(2)由 $|-3x-4|\geqslant 2$ 化简为 $|3x+4|\geqslant 2$，

根据含绝对值不等式的解集可得

$3x+4\leqslant -2$ 或 $3x+4\geqslant 2$，

整理得 $3x\leqslant -6$ 或 $3x\geqslant -2$，

即 $x\leqslant -2$ 或 $x\geqslant -\dfrac{2}{3}$，

所以不等式的解集为$(-\infty, -2]\cup\left[-\dfrac{2}{3}, +\infty\right)$.

(3)由 $2|x-1|<7$ 化简为 $|x-1|<\dfrac{7}{2}$，

根据含绝对值不等式的解集可得

$-\dfrac{7}{2}<x-1<\dfrac{7}{2}$，

$-\frac{5}{2}<x<\frac{9}{2}$，

所以不等式的解集为$\left(-\frac{5}{2},\ \frac{9}{2}\right)$.

例 2　某零件加工厂加工一批直径为 10 cm 的零件，允许误差值为 ±0.05 cm，问质检部门检测零件时，零件直径在哪个范围为合格品？(用绝对值的知识说明)

分析　该零件直径的允许误差值为 ±0.05 cm，即指零件实际测量值与 10 cm 比较不超过 0.05 cm 的范围均为合格，与绝对值的意义相同．可以抽象为，在数轴上到表示 10 的点的距离不超过 0.05 的点的集合，即 $|x-10|\leqslant 0.05$，利用绝对值不等式求解．

解　(1)由题可知，零件直径应满足 $|x-10|\leqslant 0.05$，

可得 $-0.05\leqslant x-10\leqslant 0.05$，

即 $9.95\leqslant x\leqslant 10.05$，

所以零件直径在[9.95，10.05] cm 内为合格品．

同步训练 2.4

改错与反思

水平一

一、选择题

1. 不等式 $|x|<3$ 的解集在数轴上表示正确的是(　　).

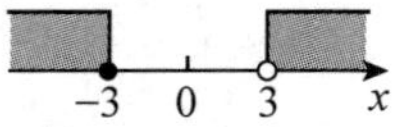

A.

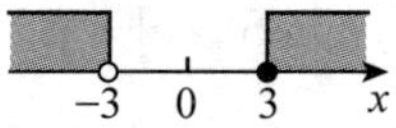

B.

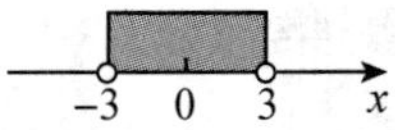

C.

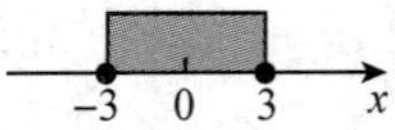

D.

2. 不等式 $|x-5|-1>4$ 的解集为(　　).

A. $(0,\ 10)$　　B. $(-\infty,\ 0)$

C. $(10,\ +\infty)$　　D. $(-\infty,\ 0)\cup(10,\ +\infty)$

3. 下列不等式中，与 $\left|\frac{x}{3}-1\right|<1$ 的解集不同的是(　　).

A. $\left|1-\frac{x}{3}\right|<1$　　B. $|x-3|<3$

C. $3<x+3<9$　　D. $|x-1|<3$

4. 不等式 $|x+2|\geqslant 7$ 的解集为(　　).

A. $(-\infty,\ -9]\cup[5,\ +\infty)$　　B. $(-\infty,\ -5]\cup[5,\ +\infty)$

C. $(-\infty,\ -5]\cup[9,\ +\infty)$　　D. $(-\infty,\ -7]\cup[7,\ +\infty)$

5. 某矿泉水外包装上标注其 pH 值(25 ℃)为 7.3 ± 0.5，那么该矿泉水的 pH 值 x 满足的不等式是(　　).

A. $|x-0.5|\leqslant7.3$　　B. $|x-7.3|\leqslant0.5$

C. $|x-0.5|\geqslant7.3$　　D. $|x-7.3|\geqslant0.5$

二、填空题

1. 数轴上一点 M 对应的数为 x，点 M 到原点的距离小于 2，则满足条件的 x 为整数的有________.

2. 不等式 $|5x-2|-3<-3$ 的解集为________.

3. 已知全集 $U=\mathbf{R}$，设集合 $A=\{x\mid|2-3x|>6\}$，则 $\complement_U A=$________.

三、解答题

1. 解下列一元二次不等式.

(1) $\left|\frac{x}{4}\right|>5$；　(2) $|2x-3|<5$；　(3) $|x-2|\geqslant0$；

(4) $|-3x+5|\geqslant1$；　(5) $|x-2|>0$；　(6) $3|2x+1|\leqslant9$.

2. 不等式 $|x+1|>a$ 的解集为 $(-\infty,-5)\cup(3,+\infty)$.

(1)求 a 的值；

(2)求不等式 $|ax+1|<a$ 的解集.

水平二

1. 解不等式组 $\begin{cases}x^2-x-20<0,\\|1-2x|\geqslant3.\end{cases}$

2. 已知数轴上 A，B 两点，点 A 对应数 3，点 B 对应数 x，AB 的中点到原点的距离不小于 5，求 x 的取值范围．

3. 已知集合 $A=\{x \mid (x+1)(x-2)>0\}$，$B=\left\{x \,\middle|\, \left|1-\frac{3x}{2}\right| \leqslant 2\right\}$，求 $A \cup B$.

数学窗

正负数与绝对值的产生

据史料记载，早在两千多年前，中国就有了正负数的概念．魏晋数学家刘徽在建立负数的概念上有重大贡献．刘徽首先给出了正负数的定义，他说："今两算得失相反，要令正负以名之．"意思是说，在计算过程中遇到具有相反意义的量，要用正数和负数来区分它们．刘徽第一次给出了区分正负数的方法．他说："正算赤，负算黑；否则以斜正为异．"意思是说，用红色的小棍摆出的数表示正数，用黑色的小棍摆出的数表示负数；也可以用斜摆的小棍表示负数，用正摆的小棍表示正数．

绝对值是一个最具代数特征的数学概念．在数轴上，一个数到原点的距离叫作该数的绝对值．例如，$|a|$ 表示数轴上的点 a 与原点的距离，$|a-b|$ 表示数轴上的点 a 与点 b 的距离．绝对值的本质就是长度，不管是正数还是负数，它的绝对值就表示这个数到原点的长度．而长度具有非负性，因此任何一个数的绝对值都是非负数，即所有的绝对值中最小的是 0.

节选自：王贵水．你一定要懂的数学知识．北京：北京工业大学出版社，2015. 引用时有修改．

2.5 不等式的应用

知识要点

笔 记

应用不等式(组)解决问题的步骤：

(1)审题：分析题意，明确已知量和未知量．

(2)建立不等式(组)：设定未知数，根据实际问题中的不等关系，列出不等式(组)，同时确定未知数在实际情境中的取值范围．

(3)求解：解不等式(组)，求出未知数的范围．

(4)检验：从不等式(组)的解集中求出符合题意的答案．

在用不等式解决实际问题的过程中，审题是基础，抓住题目中的关键字眼，找出符合题意的不等式关系，如“大于”“超过”“小于”“低于”“不大于”“不超过”“不小于”“盈利”“亏损”等．根据不等式关系列出不等式是解题的关键．

运用举例

例 1 园林工人计划使用 20 m 的栅栏，利用墙作为一边围出一个矩形花园，要使花园的面积不小于 42 m^2，求与墙平行的栅栏一边的长度范围．

分析 首先找到各边的长度关系，再用面积公式写出符合题目条件的不等式，最后利用不等式求解．

解 设与墙平行的栅栏一边的长度为 x m，则矩形花园的另一边长为 $\dfrac{20-x}{2}$ m. 由于 $x>0$，且$\dfrac{20-x}{2}>0$，所以解得 $0<x<20$.

设矩形花园的面积为 S，则 $S=x\cdot\dfrac{20-x}{2}$，

整理得 $S=-\dfrac{1}{2}x^2+10x$.

由题意可得 $S=-\dfrac{1}{2}x^2+10x\geqslant 42$，

化简为 $x^2-20x+84\leqslant 0$，

即$(x-6)(x-14)\leqslant 0$，

解得 $6\leqslant x\leqslant 14$(满足 x 的取值范围 $0<x<20$)，

所以与墙平行的栅栏一边的长度范围是$[6，14]$.

例 2　某儿童乐园中的一个儿童体验项目，当每张票定价为 10 元时，每天有 80 名儿童体验．该项目负责人通过经营数据统计发现，如果票价提高 2 元，当天参加体验的儿童就会减少 10 名，请帮该项目负责人算一算，票价定在什么范围内，才能使该项目每天收费不低于 600 元？

分析　由于票价每提高 2 元，体验的儿童会减少 10 名，因此可设票价提高 x 个 2 元，于是提高后的票价为$(10+2x)$元．销售额＝销售单价×销售数量．

解　(1)由题可设票价提高了 x 个 2 元，所以提高以后的票价为$(10+2x)$元，提高票价后参加体验的儿童为$(80-10x)$人，且 $x\in\mathbf{N}$.

提高票价后的销售额 $y=(10+2x)(80-10x)$，$x\in\mathbf{N}$，

整理得 $y=-20x^2+60x+800$，$x\in\mathbf{N}$，

由题意可得 $y=-20x^2+60x+800\geqslant 600$，

化简得 $x^2-3x-10\leqslant 0$，

解不等式得$-2\leqslant x\leqslant 5$，$x\in\mathbf{N}$，

即 $0\leqslant x\leqslant 5$，$x\in\mathbf{N}$.

由于票价是$(10+2x)$元，所以当票价为$[10, 20]$元时，该项目每天收费不低于 600 元．

同步训练 2.5

改错与反思

水平一

一、选择题

1. 用一根长为 40 cm 的铁丝，围成一个长方形小框，要使长方形小框的面积不小于 75 cm^2，则长边形小框的边长的范围是(　　).

A. $(0, 40)$　　B. $(0, 20]$　　C. $(5, 15)$　　D. $[5, 15]$

2. 某公司生产一种商品的利润 L(元)是销售量 x(件)的函数，且 $L(x)=-x^2+200x-300(0<x<200)$，则该公司销售这种商品的最大利润是(　　)元．

A. 970　　B. 10 000　　C. 1 000　　D. 9 700

3. 张阿姨从批发市场买了 5 kg 单价为 a(元/kg)的苹果、3 kg 单价为 b(元/kg)的梨，以 $\dfrac{a+b}{2}$(元/kg)的价格卖给不方便出门的邻居，张阿姨发现她亏了，原因是(　　).

A. $a<b$　　B. $a>b$

C. $a=b$　　D. 与 a，b 的值无关

4. 在学校举行的宪法知识竞赛活动中，共有 20 道题，答对得 5 分，答错或不答扣 1 分，若 70 分为合格，则至少要答对(　　)道题．

A. 15　　B. 14　　C. 13　　D. 12

5. 某食盐外包装上标注其净重为 320 g，误差在 ± 5 g 内为合格品，那么该食盐每包净重应满足的关系式为(　　)．

A. $|x-320|\leqslant 5$　　B. $|x-5|\leqslant 320$

C. $|x-320|\geqslant 5$　　D. $|x-5|\geqslant 320$

二、填空题

1. 某工厂生产某零件，已知售价 m(元/件)与月销量 x(件)之间的函数关系为 $m=100-x$，月总成本 a(元)与月销量 x(件)之间的函数关系为 $a=400+20x$，问该工厂月利润 y(元)与月销售量 x(件)的函数关系式为_______．(月利润=售价×月销量−月总成本)

2. 某商品的进货单价是 30 元，若按 40 元一个销售，能卖出 40 个，若销售单价每涨 1 元，销售量减少 1 个．根据题意，若设销售单价为 x(元/个)，则 x 的取值范围为________．

3. 某出租车公司买入一批出租车投入营运，根据市场分析，每辆出租车营运的总利润 y(万元)与营运年数 x($x\in\mathbf{N}_+$)的二次函数关系为 $y=-x^2+12x-20$，则每辆出租车从第________年开始赢利．

三、解答题

1. 某旅行社有客房 100 间，每间客房的日租金为 80 元，每天都客满．该旅行社欲提高档次，并提高租金．如果每间客房的日租金增加 20 元，每天客房的出租数量就会减少 10 间．不考虑其他因素，该旅行社将每间客房的日租金定在什么范围内时，每天客房的总租金不低于 9 000 元？

2. 某商品的进价为 80 元/件，售价定为 100 元/件，每周可卖出 100 件．根据市场调查，该商品每件涨价 10 元，每周要少卖出 20 件，那么该商品的售价定在什么范围内时，才能使每周的利润不少于 2 400 元？

水平二

1. 现需做一个“目”字形框架，其中横框采用 20 元/m 的 A 类材料，竖框采用 30 元/m 的 B 类材料．若用 240 元做这个框架，则当横框的长度为何值时，该框架的面积不小于$\frac{8}{3}\mathrm{m}^2$？

2. 某公司 2020 年的年利润为 300 万元，2021 年为适应市场需求，该公司计划提高产品档次，需适度增加投资成本，设增加的成本比例为 $x(0<x<1)$．现有甲、乙两种方案可选．经市场调查发现，若选择甲方案，则年利润 y 万元与投入成本增加的比例 x 的函数关系式为 $y=-30x^2+70x+300(0<x<1)$；若选择乙方案，则年利润 y 万元与投入成本增加的比例 x 的函数关系式为 $y=-50x^2+80x+300(0<x<1)$．讨论 x 在哪个范围时选择甲方案更好，在哪个范围时选择乙方案更好？

第三单元 · 函　数

3.1　函数的概念

知识要点

1. 函数的概念：设 A，B 是非空数集，如果存在一个对应关系 f，使对于集合 A 中的任意一个数 x，在集合 B 中都有________确定的数 y 和它对应，那么就把对应关系 f 称为定义在集合 A 上的一个**函数**，记作 $y=f(x)$，$x\in A$. 其中 x 的取值范围 A 叫作函数的**定义域**，与 x 的值相对应的 y 值的集合叫作函数的**值域**. 函数由定义域、对应关系和值域三个要素构成.

2. 求函数的定义域：一是要考虑自变量的取值范围需符合题目实际意义，要根据题目具体情况来分析；二是要考虑自变量的解析式有意义，如解析式含有分式，其分母应不为零，含有二次根式，其被开方数应是非负数等.

笔　记

运用举例

例 1　根据下列函数的对应关系，求函数值.

(1)若函数 $f(x)=x^2-2x+5$，求 $f(-1)$的值；

(2)若函数 $f(x)=\begin{cases}x^2+1, & x<0,\\ 3x-2, & x\geqslant 0,\end{cases}$ 求 $f(5)$的值；

(3)若函数 $f(x)=3$，求 $f(0)$的值.

分析　应从对应关系正确理解函数概念，掌握数学符号“$f(x)$”表示的意义.

解　(1) $f(-1)=(-1)^2-2\times(-1)+5=8$；

(2)因为 $5>0$，所以 $f(5)=3\times5-2=13$；

(3)因为 $f(x)=3$，为常函数，所以 $f(0)=3$.

例 2　求下列函数的定义域.

(1)一辆汽车以 70 km/h 的速度匀速行驶，行驶的路程 S(km)是所用时间 t(h)的函数，即 $S=70t$；

(2)$f(x)=\dfrac{\sqrt{8-2x}}{x+3}$.

分析　(1)汽车出发后的时间 t 需符合实际意义；(2)二次根式的被开方数需大于或等于 0，分式的分母不等于 0 才能使代数运算有意义.

解　(1)要使原函数有意义，必须满足 $t\geqslant0$.

所以函数 $S=70t$ 的定义域是 $\{t\mid t\geqslant0\}$.

(2)要使原函数有意义，必须满足 $\begin{cases}8-2x\geqslant0,\\x+3\neq0,\end{cases}$

解得 $\begin{cases}x\leqslant4,\\x\neq-3,\end{cases}$

所以原函数的定义域是 $\{x\mid x\leqslant4，且\ x\neq-3\}$.

同步训练 3.1

改错与反思

水平一

一、选择题

1. 观察下列图形，其中 y 不是 x 的函数的是(　　).

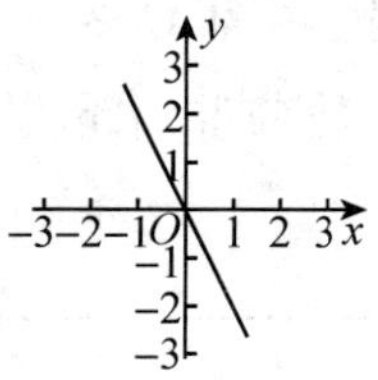
A.

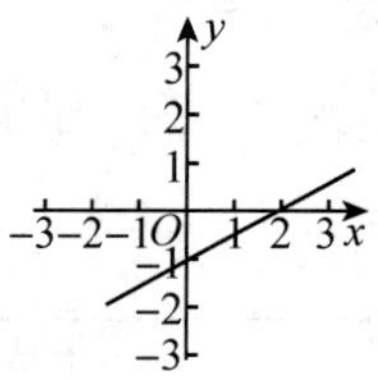
B.

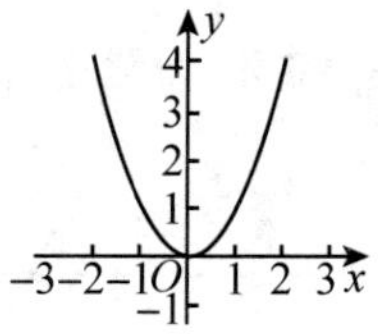
C.

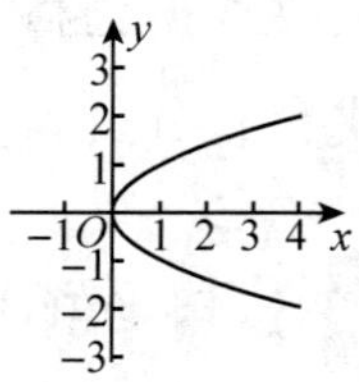
D.

2. 下列对应关系中不是从 **R** 到 **R** 的一个函数的是(　　).

A. $f(x)=x$　　B. $f(x)=3x+4$

C. $f(x)=\pm\sqrt{x}$　　D. $f(x)=x^2-3x$

3. 小李去超市买饮料，每瓶原价 5 元的酸奶现售价为 3 元，且最多买 10 瓶，则他购买饮料应付款 y(元)与购买数量 x(瓶)的对应关系正确的是(　　).

A. $y=3x$　　B. $y=3x$，$x\geqslant0$

C. $y=3x$，$x\leqslant 10$　　D. $y=3x$，$x\leqslant 10$，且 $x\in\mathbf{N}$

4. 已知函数 $f(x)=|x|$，$x\in\{-1, 0, 1, 2\}$，则函数的值域是(　　).

A. $\{0, 1\}$　　B. $\{0, 1, 2\}$

C. $\{1, 0, 1, 2\}$　　D. $\{-1, 0, 1, 2\}$

5. 若函数 $f(x)=\begin{cases}-x+7, & x<0,\\ \sqrt{x}, & x\geqslant 0,\end{cases}$ 则 $f(4)=$(　　).

A. ± 2　　B. 2　　C. 3　　D. 4

二、填空题

1. 若函数 $f(x)=x^3-2x$，则 $f(-1)=$________.

2. 函数 $f(x)=\sqrt{3x-2}+\dfrac{1}{x-1}$的定义域是________.

三、解答题

1. 已知函数 $f(x)=3x-5$，且 $f(m)=7$，求 m 的值.

2. 已知函数 $f(x)=\dfrac{2x}{x^2-1}$.

(1)求函数的定义域；

(2)求 $f(5)$的值.

3. 求函数 $f(x)=\sqrt{|2x-1|-5}$的定义域.

水平二

1. 已知函数 $f(x)=a^2x-3x$，且 $f(2)=2$，求 $f(1)$的值．

2. 已知函数 $f(x)=5x-3$.

(1)求 $f(x-1)$；

(2)求 $f(f(2))$的值．

3. 已知函数 $f(x)=\dfrac{x}{\sqrt{x^2+2x-3}}$.

(1)求函数 $f(x)$的定义域；

(2)若 $f(a)=1$，求 a 的值．

数学窗

纵观 300 多年来函数概念的发展，众多数学家从集合、代数直至对应、集合的角度不断赋予函数概念新的思想，推动了数学的发展．数学书上使用的“函数”一词是转译词．它是我国清代数学家李善兰在翻译《代数学》(1895年)一书时译成的．中国古代“函”字与“含”字通用，都有着“包含”的意思．李善兰给出的定义是：“凡式中含天，为天之函数．”中国古代用天、地、人、物 4 个字来表示 4 个不同的未知数或变量．这个定义的含义是：“凡是公式中含有变量 x，则该式子叫作 x 的函数．”所以“函数”是指公式里含有变量的意思．

3.2　函数的表示方法

3.2.1 函数的表示方法

知识要点

函数的表示方法有：________、列表法和________．这三种方法分别由数学解析式、表格、图像来表示函数中两个变量之间的对应关系．

笔　记

运用举例

例 1　小梅在某银行 App 平台上存入 10 000 元做理财，2 天以后，她发现每天的收益为 0.85 元，如果每天的收益保持不变，经过 x 天以后，这笔理财的本金和收益之和为 y 元，用解析法表示函数 $y=f(x)$.

分析　先求出函数的定义域，然后弄清收益与时间(天)的对应关系，并用数学解析式表示 y 与 x 的对应关系．

解　函数 $y=f(x)$的定义域是$\{x \mid x\in \mathbf{N}_+\}$，

因为经过 x 天以后，这笔理财的收益为 $0.85x$ 元，

所以用解析法将函数 $y=f(x)$表示为 $y=10\ 000+0.85x$，$x\in \mathbf{N}_+$.

例 2　某中等职业学校高一年级上学期共进行了 5 次数学测试，小张的成绩分别是 89 分、88 分、92 分、90 分、93 分．请分别用列表法和图像法表示小张的数学成绩与测试次序的函数关系．

分析　表格中第一行表示测试次序，第二行表示与测试次序相对应的测试成绩．画函数图像时，在平面直角坐标系中，横坐标表示测试次序，纵坐标表示测试成绩，描点而成．

解　用列表法将这个函数表示为

测试次序 x	1	2	3	4	5
测试成绩 y/分	89	88	92	90	93

用图像法表示这个函数如图 3-1.

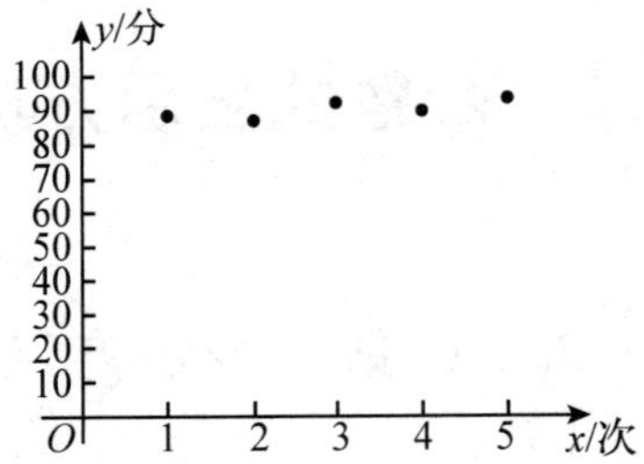

图 3-1

同步训练 3.2.1

改错与反思

水平一

一、选择题

1. 购买某款手机的费用 y(元)与数量 x(部)的函数关系如表所示，该款手机的单价是 3 500 元，下列表述正确的是(　　).

数量 x/部	1	2	3
费用 y/元	3 500	7 000	10 500

A. 函数 $y=f(x)$的定义域是 $\mathbf{R}$

B. 函数 $y=f(x)$的值域是 $\mathbf{R}$

C. 用解析法将函数 $y=f(x)$表示为 $y=3\ 500x$

D. 用解析法将函数 $y=f(x)$表示为 $y=3\ 500x$，$x\in\{1, 2, 3\}$

2. 小王被分配到某工厂顶岗实习，他每天可以制作 80 个机械零件，设 x 天后，小王共制作 y 个机械零件，则用解析法将函数 $y=f(x)$表示为(　　).

A. $f(x)=80$　　　B. $f(x)=80x$

C. $f(x)=80x$，$x\in\mathbf{N}_*$　　　D. $f(x)=80x$，$x>0$

3. 小李走路去上学，出发一段时间后，他发现保持原来的速度会迟到，就立即改为跑步去学校．如果用横轴表示他出发后的时间，用纵轴表示他与学校的距离．如图所示，比较符合小李上学情况的图像是(　　).

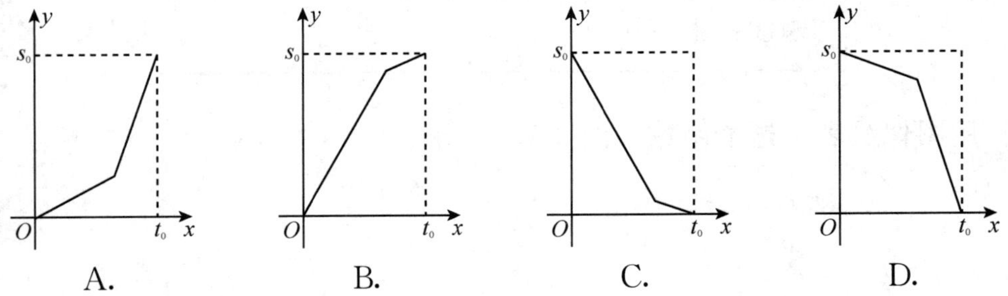

4. 函数 $y=2x-3$ 的图像是(　　).

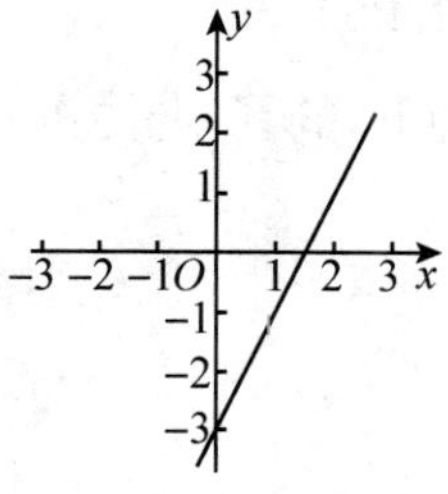

A.

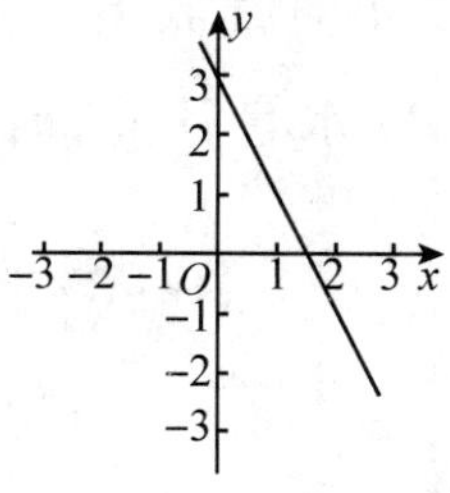

B.

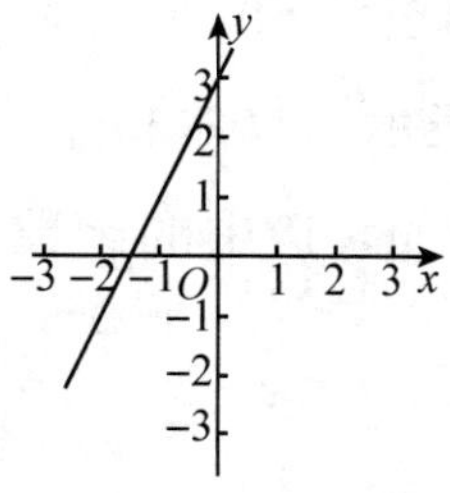

C.

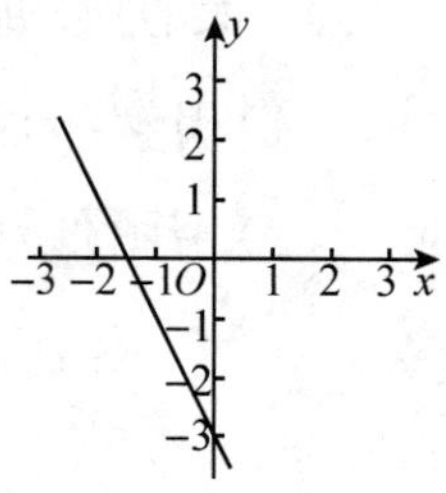

D.

二、填空题

1. 某种坚果每包的售价是 3 元，如果购买这种坚果 x 包，需要付款 y 元，那么 y 与 x 的函数关系用解析法表示为____________.

2. 函数 $y=-2x^2+4x-1$ 的图像如图所示，当 $x=$________时，函数取得最大值，且最大值是________.

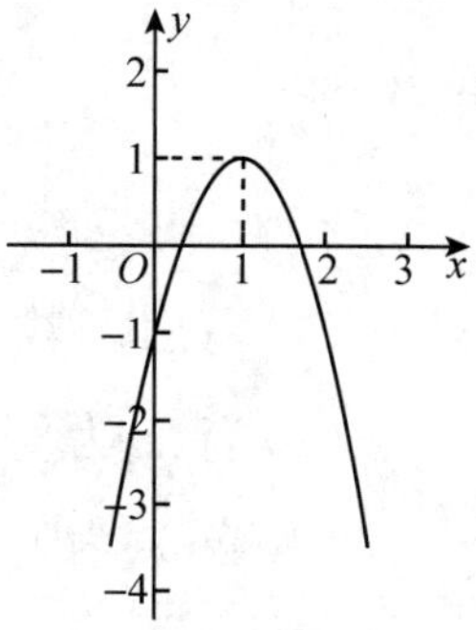

第 2 题图

三、解答题

1. 某城市这周从星期一到星期日(对应的序号为 1—7)每天最高气温如表所示. 每天的最高气温 y(℃)是星期几序号 x 的函数.

星期几的序号	1	2	3	4	5	6	7
最高气温/℃	23	22	20	21	24	26	18

(1)求函数 $y=f(x)$的定义域;

(2)用图像法表示函数 $y=f(x)$.

2. 购买作业本需要付费 y(元)与作业本的数量 x(个)的对应关系如表所示，根据表格信息回答下列问题.

(1)求每个作业本的售价;

(2)用解析法表示这个函数.

作业本的数量 x/个	20	30	40
费用 y/元	24	36	48

水平二

1. 某饮水机桶里装满 30 L 水，每小时都放出 2 L 水供饮用.

(1)用解析法表示该饮水机桶里装的水量(L)与时间(h)的函数关系；

(2)用图像法表示(1)中的函数.

2. 已知二次函数 $f(x)=x^2+4x-5$ 的图像如图所示.

(1)写出函数的值域；

(2)当 x 为何值时，$f(x)=0$；

(3)当 x 为何值时，$f(x)<0$.

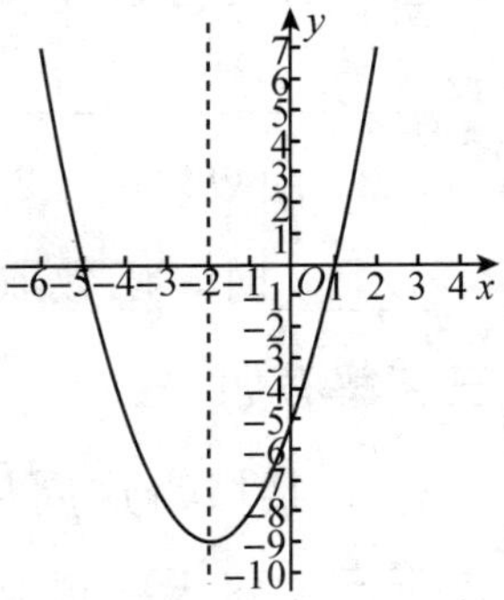

第 2 题图

3. 某建筑工程单位的材料库与施工地的路程是 5 km，一辆运输车装满水泥从材料库出发，以 50 km/h 的速度向施工地行驶. 出发 x(h)后，该运输车与施工地的路程还剩 y(km).

(1)用解析法表示函数 $y=f(x)$，并求出函数的定义域；

(2)画出函数 $y=f(x)$的图像；

(3)当该运输车出发 0.05 h 后，到施工地的路程还剩多少？

3.2.2　分段函数

知识要点

分段函数的概念：在自变量不同的取值范围内，有不同的对应关系，这样的函数叫作**分段函数**．我们可以通过一些实例感受分段函数在实际生活中的应用．

笔　记

运用举例

例 1　已知函数 $f(x)=\begin{cases}|x|+1, & x<0,\\ \sqrt{x}-2, & x\geqslant 0.\end{cases}$ 求 $f(-2)$，$f(9)$，$f(f(-3))$ 的值．

分析　在理解函数概念的基础上，进一步理解分段函数的概念．

解　(1)因为 $-2<0$，故 $f(-2)=|-2|+1=3$.

(2)因为 $9>0$，故 $f(9)=\sqrt{9}-2=3-2=1$.

(3)因为 $f(-3)=|-3|+1=4>0$，所以 $f(f(-3))=f(4)=\sqrt{4}-2=2-2=0$.

例 2　小明骑自行车先走了一段平路，接着走了一段上坡路后到达目的地，共耗时 20 min. 其速度 $v(\mathrm{m}\cdot\mathrm{min}^{-1})$是时间 $t(\mathrm{min})$的函数，如图所示．

(1)用解析法表示函数 $v=f(t)$；

(2)当小明骑自行车出发 15 min 后，求自行车此时的速度．

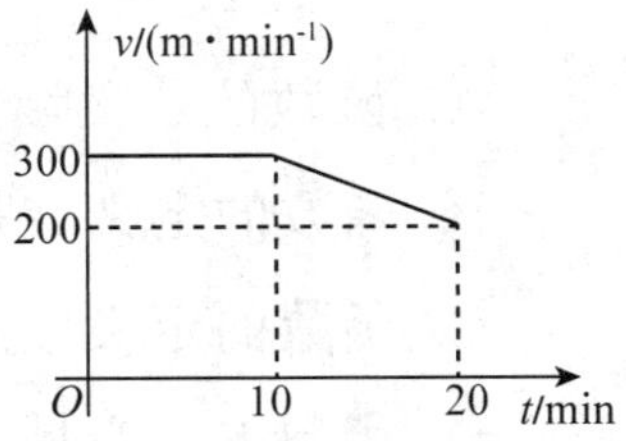

图 3-2

分析　出发所用时间 t 需取符合实际意义的范围，从图像得知两个时间段自行车的速度变化规律各不相同，因此这个函数需用分段函数来表示．

解　(1)观察图像知，函数 $v=f(t)$的定义域是$\{t\mid 0<t\leqslant 20\}$.

当 $0\leqslant t<10$ 时，$v=300$；

当 $10\leqslant t\leqslant 20$ 时，设 $v=kt+b$，则

$\begin{cases}10k+b=300,\\ 20k+b=200,\end{cases}$ 解得 $\begin{cases}k=-10,\\ b=400.\end{cases}$

故用解析法将函数 $v=f(t)$表示为 $f(t)=\begin{cases}300, & 0<t<10,\\ -10t+400, & 10\leqslant t\leqslant 20.\end{cases}$

(2)由题意得 $t=15$，由 $f(t)=\begin{cases}300, & 0<t<10\\ -10t+400, & 10\leqslant t\leqslant 20\end{cases}$ 得，$f(15)=-10\times15+400=250$，

所以，当小明骑自行车出发 15 min 后，这时自行车的速度是 250 $\mathrm{m\cdot min^{-1}}$.

同步训练 3.2.2

水平一

一、选择题

1. 已知函数 $f(x)=\begin{cases}x-1, & x\in\{-1,0\},\\ x^2, & x\in\{1,2,3\},\end{cases}$ 则此函数的定义域是(　　).

A. $\varnothing$　　　　B. $\{-1,0,1,2,3\}$

C. $[-1,3]$　　　　D. **R**

2. 已知函数 $f(x)=\begin{cases}-1, & x<0,\\ 0, & x=0,\\ 1, & x>0,\end{cases}$ 则 $f(3)=$(　　).

A. -1　　B. 0　　C. 1　　D. -1 或 0 或 1

3. 已知函数 $f(x)=\begin{cases}2x, & -2\leqslant x\leqslant 3,\\ x^2+3x, & x>3,\end{cases}$ 则下列说法正确的是(　　).

A. 函数的定义域是 $\{x\mid -2\leqslant x\leqslant 3\}$

B. 函数的定义域是 **R**

C. 函数的定义域是 $\{x\mid x\geqslant -2\}$

D. 函数的定义域 $\{x\mid -2\leqslant x\leqslant 3$，且 $x>3\}$

4. 已知函数 $f(x)=\begin{cases}2x+1, & x\leqslant 0,\\ x^2-3x, & x>0,\end{cases}$ 则下列表述正确的是(　　).

A. 这是两个函数

B. 这个函数有两个不同的解析式

C. 这个函数是由两个不同的解析式组成的

D. 这是一个函数，在自变量不同的两个取值范围内，用不同的解析式来表示

5. 已知函数 $f(x)=\begin{cases}3x, & x\leqslant 0,\\ x^2-2x, & x>0,\end{cases}$ 其图像为(　　).

A. 一条射线和部分抛物线　　B. 一条直线和一个抛物线

C. 一条线段和部分抛物线　　D. 两条射线

二、填空题

1. 若函数 $f(x)=\begin{cases}3x, & x\leqslant 2,\\ 6, & 2<x<5,\\ -2x+1, & x\geqslant 5,\end{cases}$ 则 $f(1)=$________.

2. 若函数 $f(x)=\begin{cases}x|x|, & x<0,\\ \sqrt{x}, & x\geqslant 0,\end{cases}$ 则 $f(-1)+f(4)=$________.

三、解答题

1. 某超市出售某品牌纯牛奶，顾客一次性购买 5 盒及以下，每盒为 6 元；购买 5 盒以上，则每盒为 5 元，那么一次性购买这种纯牛奶应付款 y(元)是购买数量 x(盒)的函数，用解析法表示这个函数．

2. 画出函数 $f(x)=\begin{cases}x+1, & x\leqslant 0,\\ -2, & x>0\end{cases}$ 的图像．

水平二

1. 已知函数 $f(x)=\begin{cases}-2x, & x<0,\\ 3, & x=0,\\ 5x-1, & x>0.\end{cases}$

(1)求 $f\left(f\left(\dfrac{1}{5}\right)\right)$ 的值；

(2)求 $f(f(-3))$ 的值．

2. 已知函数 $f(x)=\begin{cases} x+2, & -2\leqslant x\leqslant -1, \\ x^2, & -1<x<2, \\ 2x, & 2\leqslant x\leqslant 7. \end{cases}$

(1)求函数的定义域；

(2)求 $f(0)+f(4)$的值．

3. 某城市出租车营运收费计价标准如表所示．

出租车行驶的路程	收费价格
4 km 及以下	10 元
超过 4 km 且不超过 18 km	超过的部分以 1.2 元/km 计费
18 km 以上	超过的部分以 1.8 元/km 计费

(1)设出租车行驶 x km 收费为 y 元，求函数 $y=f(x)$的定义域；

(2)如果小明乘出租车行驶了 20 km，他需要付多少出租车车费？

(3)在没有堵车的情况下，用解析法表示出租车收费与行驶路程的函数关系．

3.3　函数的单调性和奇偶性

3.3.1　函数的单调性

笔　记

知识要点

1. 设函数 $y=f(x)$ 的定义域为 D，区间 $A\subseteq D$. 对于任意 x_1，$x_2\in A$，当 $x_1<x_2$ 时，

(1)如果都有 $f(x_1)<f(x_2)$，那么就称函数 $f(x)$ 在区间 A 上是增函数，区间 A 为增区间，其图像从左到右是逐渐上升的，函数值 y 随自变量 x 的增大而________；

(2)如果都有 $f(x_1)>f(x_2)$，那么就称函数 $f(x)$ 在区间 A 上是减函数，区间 A 为减区间，其图像从左到右是逐渐下降的，函数值 y 随自变量 x 的增大而________.

2. 如果函数 $y=f(x)$ 在区间 A 上是单调递增或单调递减，那么就称函数 $y=f(x)$ 在区间 A 上具有(严格的)单调性，并且区间 A 叫作函数 $y=f(x)$ 的**单调区间**. 单调性是一个局部概念，有的函数在其定义域内不一定有单调性.

运用举例

例 1　图 3-3 是函数 $f(x)$，$x\in[-1,3]$ 的图像，根据图像回答下列问题.

(1)当 x 取何值时，函数值最大，最大值是多少？

(2)说明该函数的单调区间及每一个区间上的单调性.

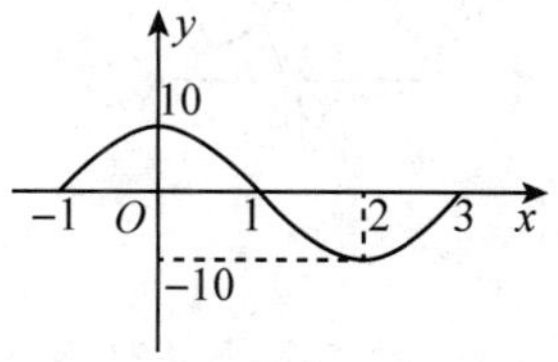

图 3-3

解　(1)当 $x=0$ 时，函数值最大，最大值是 10.

(2)函数 $f(x)$ 的单调区间有 $[-1,0]$，$[0,2]$，$[2,3]$；

函数 $f(x)$ 在区间 $[-1,0]$ 和 $[2,3]$ 上都是增函数，在区间 $[0,2]$ 上是减函数.

例 2　一元二次函数 $f(x)=x^2+4x+3$ 的图像如图 3-4 所示.

(1)求函数 $f(x)$ 的对称轴方程、顶点坐标；

(2)找出函数 $f(x)$ 的单调区间；

(3)当 $x\in[-3,0]$时，求函数 $f(x)$的最大值和最小值．

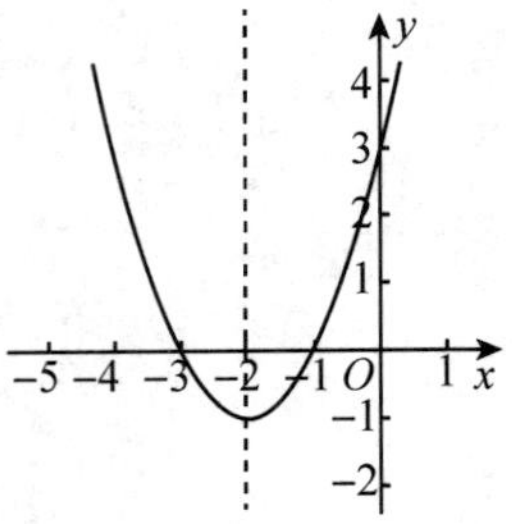

图 3-4

解　(1)因为二次函数的对称轴方程是 $x=-\dfrac{b}{2a}$，顶点坐标是$\left(-\dfrac{b}{2a},\ \dfrac{4ac-b^2}{4a}\right)$，则有

$$-\frac{b}{2a}=-\frac{4}{2\times1}=-2,\quad \frac{4ac-b^2}{4a}=\frac{4\times1\times3-4^2}{4\times1}=-1.$$

因此，函数 $f(x)$的对称轴方程是 $x=-2$，顶点坐标是$(-2,-1)$.

(2)观察图像，函数 $f(x)$的减区间是$(-\infty,-2]$，增区间是$[-2,+\infty)$.

(3)函数 $f(x)=x^2+4x+3$，$x\in[-3,0]$的图像如图 3-5 所示．根据图像得，函数 $f(x)$的最小值是 $f(-2)=(-2)^2+4\times(-2)+3=-1$；

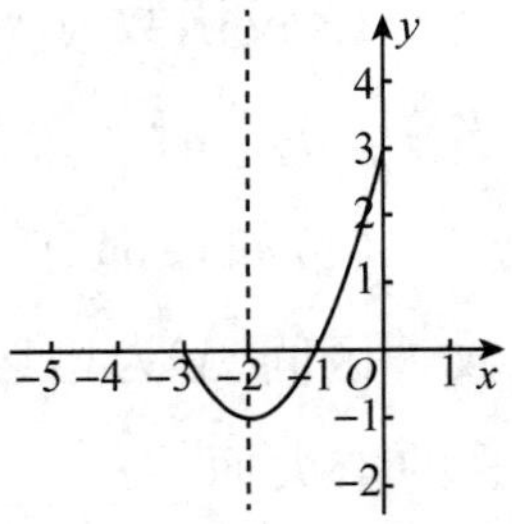

图 3-5

最大值是 $f(0)=0^2+4\times0+3=3$.

同步训练 3.3.1

改错与反思

水平一

一、选择题

1. 下列函数图像在其定义域内为单调递增的是(　　).

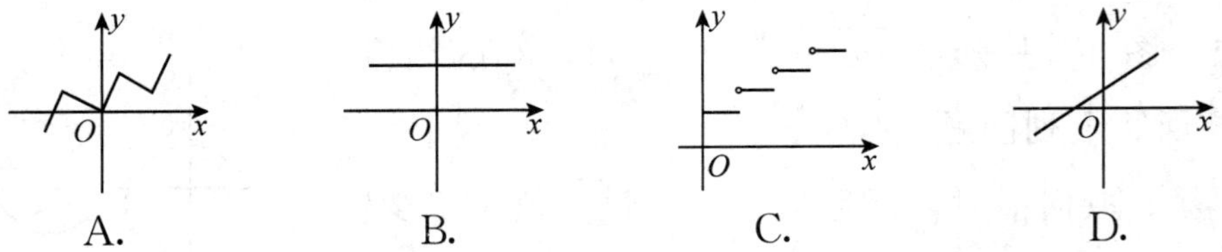

2. 下列函数图像在区间$(-\infty,+\infty)$上是单调递减的是(　　).

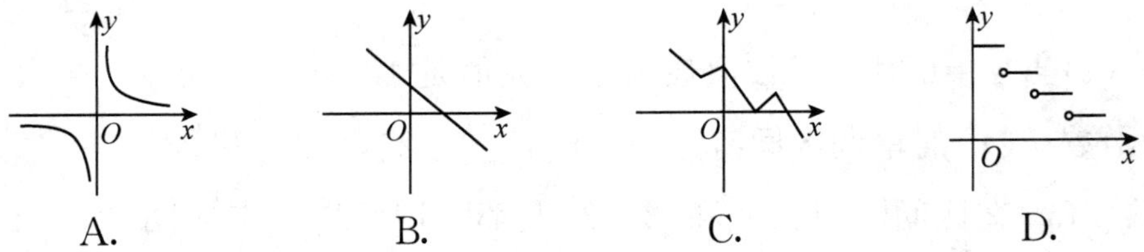

3. 函数 $f(x)=x^2-2$ 的增区间是(　　).

A. $(-\infty,+\infty)$　　B. $(-\infty,0]$

C. $[0,+\infty)$　　D. $[-2,+\infty)$

4. 函数 $y=(k-1)x+1$ 为减函数，则(　　).

A. $k<0$　　B. $k>0$　　C. $k<1$　　D. $k>1$

二、填空题

1. 若函数 $f(x)$ 在区间 $(0, +\infty)$ 上是减函数，则 $f(2)$ 与 $f(5)$ 的大小关系是________.

2. 若函数 $f(x)$ 在区间 $(-\infty, +\infty)$ 上是增函数，则 $f(-1)$ 与 $f(3)$ 的大小关系是________.

三、解答题

1. 已知函数 $f(x)=x^2-2x+3$.

(1)求函数 $f(x)$ 的单调区间和单调性；

(2)比较 $f(3)$ 与 $f(6)$ 的大小.

2. 函数 $f(x)$ 在定义域 $\mathbf{R}$ 内为减函数，且 $f(m-1)>f(2m+3)$，求 m 的取值范围.

水平二

1. 用定义判断函数 $f(x)=-\dfrac{1}{x}$ 在区间 $(-\infty, 0)$ 上的单调性.

2. 一次函数 $y=f(x)$的图像如图所示.

(1)求函数的解析表达式;

(2)用定义判断函数 $y=f(x)$的单调性.

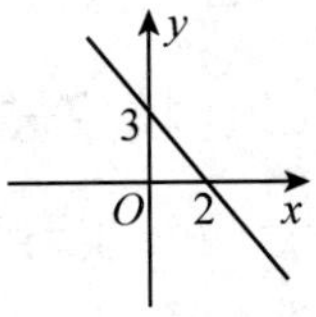

第 2 题图

3. 已知二次函数 $f(x)=-x^2+2x+3$.

(1)求函数 $f(x)$的单调区间;

(2)画出函数 $f(x)$的图像;

(3)求函数 $f(x)$在区间$[-1, 2]$上的最值.

3.3.2　函数的奇偶性(一)——偶函数

知识要点

笔　记

1. 偶函数的定义：一般地，设函数 $f(x)$ 的定义域为 D，如果对于任意 $x\in D$，都有 $-x\in D$，且 $f(-x)$________ $f(x)$，那么函数 $f(x)$ 就叫作偶函数，其函数图像关于________对称．

2. 用定义判断(或证明)一个函数是否为偶函数的方法和步骤：假设函数的定义域为 D.

第一步，任取 $x\in D$，判断是否都有 $-x\in D$，如果不都有 $-x\in D$，则不是偶函数；如果都有 $-x\in D$，再做第二步．

第二步，根据解析式计算 $f(-x)$，观察 $f(-x)=f(x)$ 是否成立．如果成立，则函数是偶函数；如果不成立，则函数不是偶函数．

“任意 $x\in D$，都有 $-x\in D$”和“$f(-x)=f(x)$”是函数为偶函数的两个必备条件．

运用举例

例 1　已知 $f(x)=|x|-1$ 是偶函数，其图像在 y 轴的左边部分如图 3-6 所示．试画出这个函数图像在 y 轴的右边部分．

分析　由偶函数的图像关于 y 轴对称的特性画出函数另一部分的图像．

解　函数 $f(x)=|x|-1$ 的图像在 y 轴的左边部分是一条射线，如图 3-6 所示．在这条射线上任取两点 A，B，画出它们分别关于 y 轴对称的点 A'，B'，然后连线 A' 和 B'，就得到这个函数的图像在 y 轴的右边部分．

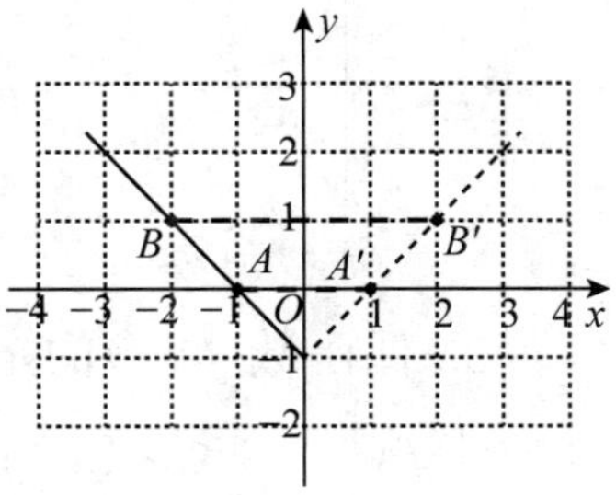

图 3-6

例 2　用定义判断下列函数是不是偶函数．

(1) $f(x)=2|x|+1$；

(2) $f(x)=-x^2$，$x\in[-2,4]$；

(3) $f(x)=-x+2$.

分析　根据偶函数的定义，函数的定义域需满足“任取 $x\in D$，都有 $-x\in D$”的条件，再由函数解析式计算 $f(-x)$，并观察 $f(-x)=f(x)$ 是否成立．

解　(1) 函数 $f(x)=2|x|+1$ 的定义域是 $\mathbf{R}$，对任意一个 $x\in\mathbf{R}$，都

有$-x\in\mathbf{R}$，且 $f(-x)=2|-x|+1=2|x|+1=f(x)$，

所以，函数 $f(x)=2|x|+1$ 是偶函数．

(2)函数 $f(x)=-x^2$ 的定义域是 $x\in[-2,4]$，对任意一个 $x\in[-2,4]$，不是都有 $-x\in[-2,4]$成立．

所以，函数 $f(x)=-x^2$ 不是偶函数．

(3)函数 $f(x)=-x+2$ 的定义域是 $\mathbf{R}$，对任意一个 $x\in\mathbf{R}$，都有 $-x\in\mathbf{R}$，且 $f(-x)=-(-x)+2=x+2\neq f(x)$，

所以，函数 $f(x)=-x+2$ 不是偶函数．

同步训练 3.3.2

改错与反思

水平一

一、选择题

1. 下列函数图像中，不具有偶函数图像特征的是(   )．

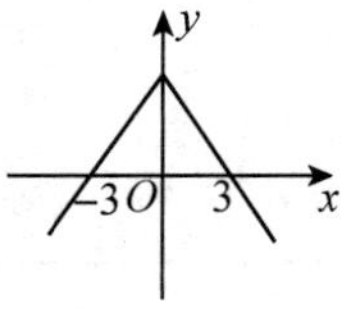

A.

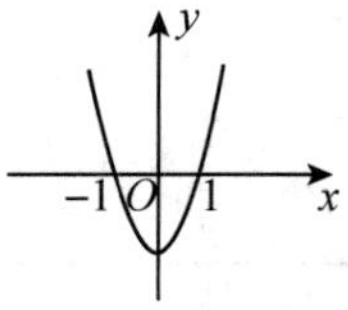

B.

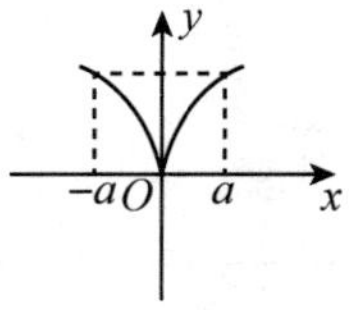

C.

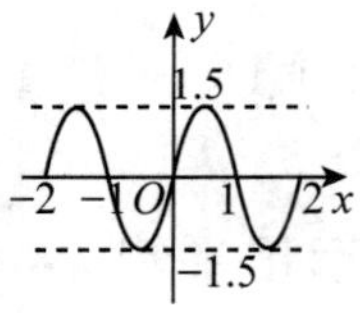

D.

2. 下列函数是偶函数，且在区间$(0,+\infty)$上为增函数的图像是(   )．

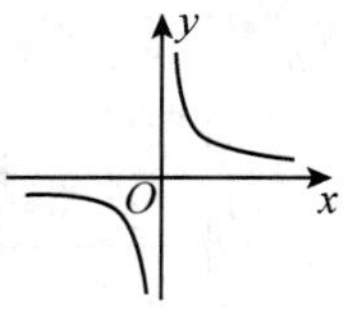

A.

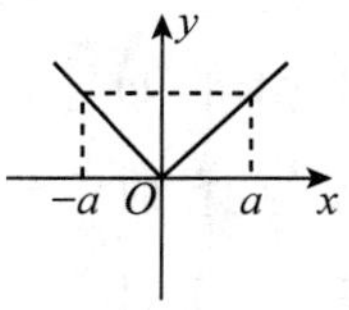

B.

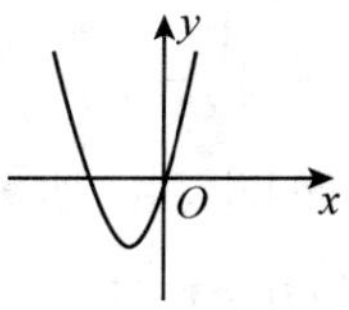

C.

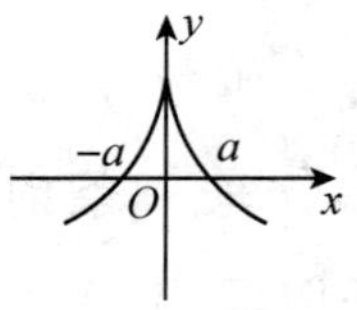

D.

3. 偶函数 $f(x)$的定义域为 D，下列表述正确的有(   )．

①$f(-x)<f(x)$；②$f(-x)=-f(x)$；③$f(-x)=f(x)$；④任取 $x\in D$，都有 $-x\in D$.

A. ①②　　B. ③④　　C. ②④　　D. ①④

4. 点$(-3,-2)$在偶函数 $f(x)$的图像上，则一定在这个函数图像上的点是(   )．

A. $(-3,2)$　　B. $(3,2)$

C. $(3,-2)$　　D. $(-2,-3)$

二、填空题

1. 若函数 $y=f(x)$是偶函数，且 $f(-2)=8$，则 $f(2)=$________．

2. 若二次函数 $f(x)=x^2+bx+1$ 为偶函数，则 $b=$________.

三、解答题

1. 已知函数 $f(x)=x^2-1$ 是偶函数，其图像在 y 轴的右边部分如图所示，请你画出这个函数图像在 y 轴的左边部分.

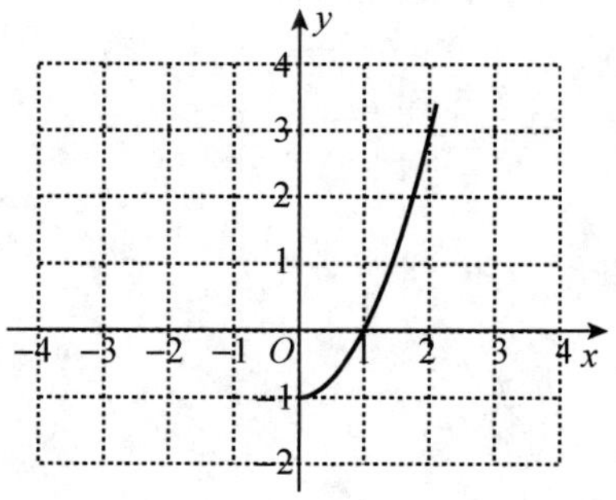

第 1 题图

2. 已知函数 $f(x)=2x+4$.

(1)画出函数的图像；

(2)根据函数的图像判断它是不是偶函数.

3. 二次函数 $f(x)=3x^2+(m^2-1)x+9$ 为偶函数，求 m 的值.

水平二

1. 用定义判断下列函数是不是偶函数.

(1) $f(x)=5x^2-1$；　　(2) $f(x)=2x-6$；

(3) $f(x)=\dfrac{|x|}{x^2-1}$；　　(4) $f(x)=(x-1)^2$.

2. 已知偶函数 $f(x)$ 的定义域是 $\mathbf{R}$，在区间 $(-\infty, 0]$ 上为减函数，且 $f(-5)=0$.

(1)求 $f(5)$ 的值；

(2)比较 $f(-5)$ 与 $f(2)$ 的大小；

(3)若 $f(x)\leqslant 0$，求 x 的取值范围.

3. 已知函数 $f(x)=x^2+(k-1)x+4$.

(1)若函数 $f(x)$ 为偶函数，求 k 的值；

(2)若函数 $f(x)$ 在区间 $(-\infty, 0)$ 上为减函数，求 k 的取值范围；

(3)对任意实数 x，都有函数 $f(x)>0$，求 k 的取值范围.

3.3.3　函数的奇偶性(二)——奇函数

笔　记

知识要点

1. 奇函数的定义：一般地，设函数 $f(x)$ 的定义域为 D，如果对于任意 $x\in D$，都有 $-x\in D$，且 $f(-x)$________ $f(x)$，那么函数 $f(x)$ 就叫作奇函数，其函数图像关于________对称．判断(或证明)奇函数的方法和步骤与偶函数类似．

2. 函数的奇偶性概念：如果一个函数是奇函数或偶函数，那么就称这个函数具有____性，否则函数不具有奇偶性．可以借助奇(偶)函数的图像特征来判断某一函数的奇偶性或解答有关问题．

3. 用定义判断(或证明)函数奇偶性的方法和步骤：

假设函数的定义域为 D.

第一步，任取 $x\in D$，判断是否都有 $-x\in D$，如果不都有 $-x\in D$，则函数不具有奇偶性；如果都有 $-x\in D$，再做第二步．

第二步，由函数解析式计算并化简 $f(-x)$.

第三步，由 $f(-x)$ 与 $f(x)$ 的等量关系得出结论．若 $f(-x)=f(x)$，则函数 $f(x)$ 为偶函数；若 $f(-x)=-f(x)$，则函数 $f(x)$ 为奇函数．

判断函数奇偶性的方法有图像法和定义法．我们通常可以借助函数的图像来描绘函数的单调性和奇偶性，并运用数形结合的方法解决有关数学问题，在解决问题的过程中，不断积累用数形结合法解决实际问题的经验．

运用举例

例 1　已知 $f(x)=x^3$ 是奇函数，其图像在 y 轴的左边部分如图 3-7 所示．试画出这个函数图像在 y 轴的右边部分．

分析　由奇函数的图像关于原点中心对称的特性画出函数另一部分的图像．

解　函数 $f(x)=x^3$ 的图像在 y 轴的左边部分是一条曲线，如图 3-7 所示．在这条曲线上任取三点 A，B，C，画出它们分别关于原点中心对称的点 A'，B'，C'，用平滑的曲线连线 A'，B'，C'，就得到这个函数的图像在 y 轴的右边部分．

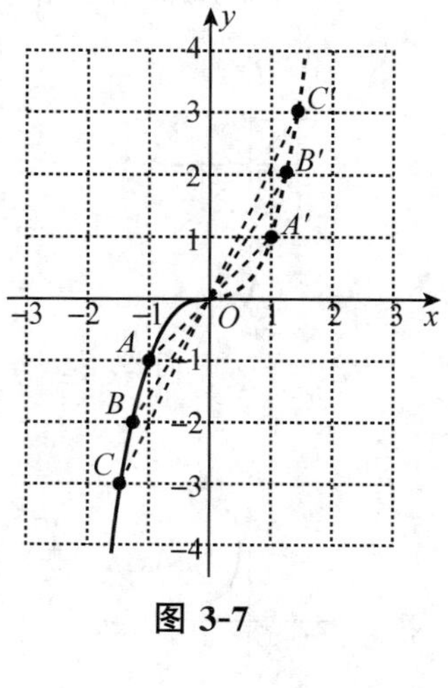

图 3-7

例 2　用定义判断下列函数是不是奇函数．

(1) $f(x)=\dfrac{x}{|x|-1}$；(2) $f(x)=3x+5$；(3) $f(x)=\sqrt{2x-6}$．

分析　与用定义判断偶函数的方法和步骤类似，首先需满足"任取 $x\in D$，都有 $-x\in D$"这一条件，再由函数解析式计算 $f(-x)$，并观察 $f(-x)=-f(x)$ 是否成立．

解　(1)函数 $f(x)=\dfrac{x}{|x|-1}$ 的定义域 $D=\{x\mid x\neq\pm1\}$，对任意一个 $x\in D$，都有 $-x\in D$，且

$$f(-x)=\frac{-x}{|-x|-1}=-\frac{x}{|x|-1}=-f(x),$$

所以，函数 $f(x)=\dfrac{x}{|x|-1}$ 是奇函数．

(2)函数 $f(x)=3x+5$ 的定义域是 $\mathbf{R}$，对任意一个 $x\in\mathbf{R}$，都有 $-x\in\mathbf{R}$，且

$$f(-x)=3(-x)+5=-3x+5\neq-f(x),$$

所以，函数 $f(x)=3x+5$ 不是奇函数．

(3)函数 $f(x)=\sqrt{2x-6}$ 的定义域是 $D=\{x\mid x\geqslant3\}$，对任意一个 $x\in D$，不是都有 $-x\in D$．所以，函数 $f(x)=\sqrt{2x-6}$ 不是奇函数．

同步训练 3.3.3

改错与反思

水平一

一、选择题

1. 下列函数图像中，不具有奇函数图像特征的是(　　)．

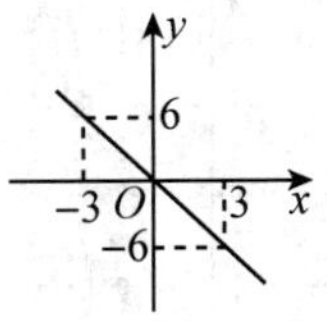

A.

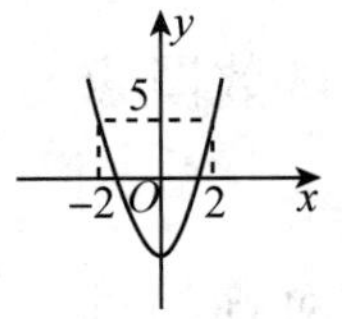

B.

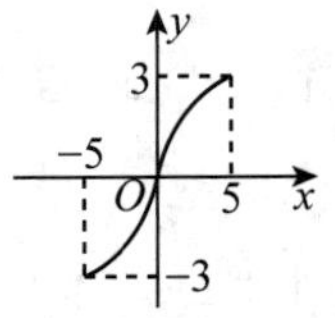

C.

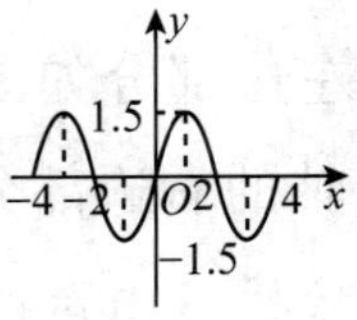

D.

2. 下列函数是奇函数，且在区间$(0,+\infty)$上为减函数的图像是(　　)．

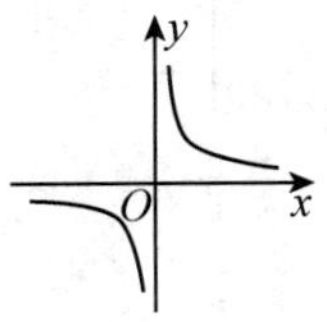

A.

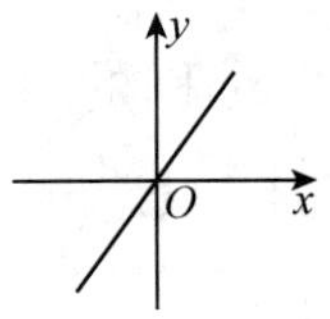

B.

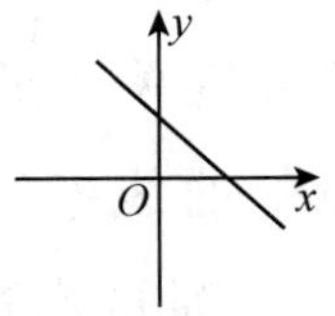

C.

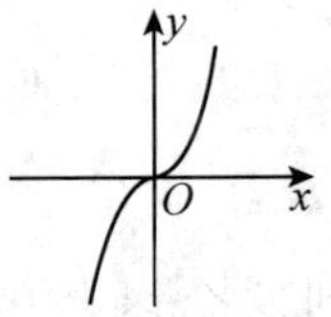

D.

3. 下列函数图像中，在其定义域内是偶函数，且在区间(0，+∞)上为增函数的是(　　).

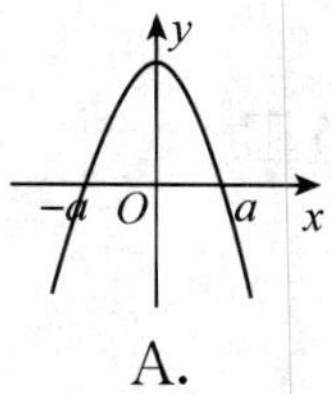

A.

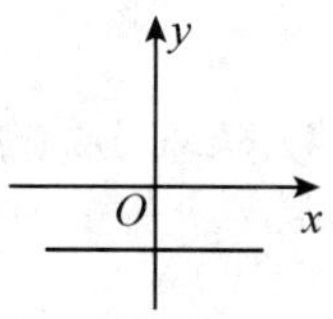

B.

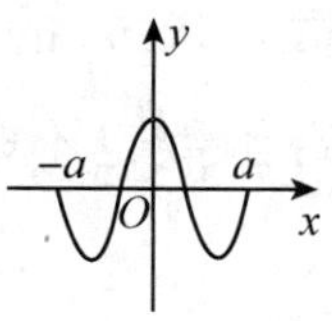

C.

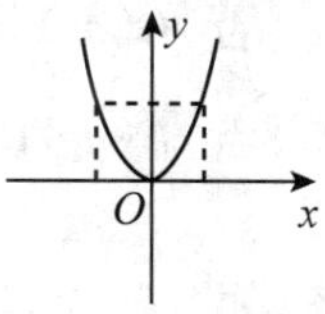

D.

4. 点(−6，1)在奇函数 $f(x)$ 的图像上，则一定在这个函数图像上的点是(　　).

A. (6，1)　　　　B. (−6，−1)

C. (6，−1)　　　　D. (1，−6)

二、填空题

1. 奇函数 $f(x)$ 和偶函数 $g(x)$ 的定义域都是 **R**，且 $f(-1)=2$，$g(3)=-4$，则 $f(1)+g(-3)=$________.

2. 若函数 $f(x)=(m-2)x^2+3x$ 为奇函数，则 $m=$________.

三、解答题

1. 奇函数 $f(x)=\sqrt[3]{x}$ 的图像在 y 轴的左边部分如图所示，请你画出这个函数图像在 y 轴的右边部分.

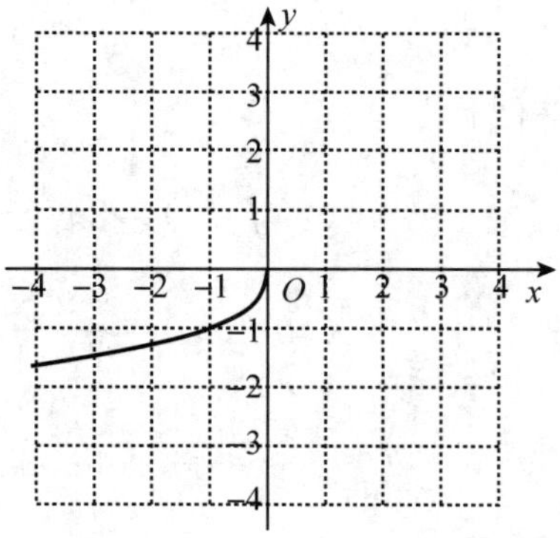

第 1 题图

2. 已知函数 $f(x)=x-3$.

(1)画出函数图像；

(2)根据图像判断函数的奇偶性.

3. 已知函数 $f(x)=(m+1)x^2+(m-2)x$，

(1)若 $f(x)$是奇函数，求 m 的值；

(2)若 $f(x)$是偶函数，求 m 的值；

(3)若 $f(x)$既不是奇函数也不是奇函数，求 m 的取值范围．

水平二

1. 已知奇函数 $y=f(x)$的定义域是 $\mathbf{R}$，在区间$(-\infty,0]$上为减函数，且 $f(-3)=6$.

(1)求 $f(3)$的值；

(2)比较 $f(2)$与 $f(1)$的大小；

(3)若 $|f(x)|\leqslant 6$，求 x 的取值范围．

2. 判断下列函数的奇偶性．

(1) $f(x)=\sqrt{1-x^2}$；　　(2) $f(x)=2x^3-x$；

(3) $f(x)=(x+1)^2$；　　(4) $f(x)=\dfrac{x}{x-1}$.

3. 已知函数 $f(x)$的定义域为 $\mathbf{R}$，且 $f(-1)=m^2+4m-1$，$f(1)=m+3$.

(1)若函数的图像关于 y 轴对称，求 m 的值；

(2)若函数的图像关于原点中心对称，求 m 的值．

3.4　函数的应用

3.4.1　分段函数的应用(一)

知识要点

分段函数的应用模型：在学习建立分段函数的数学模型过程中，首先需要识别函数中两个变量间的对应关系是否为同一个对应关系，如果不是，那么应考虑把自变量分成几个不同的取值范围，体会根据不同的自变量取值范围列出相应解析式的方法和过程，积累建立分段函数解决实际问题的经验和方法．

笔　记

运用举例

例 1　某医药研究所开发了一种新药，通过试验发现：如果成人按规定剂量服用，服药后每毫升血液中含药量 y(mg)与时间 x(h)的函数关系如图 3-8 所示．

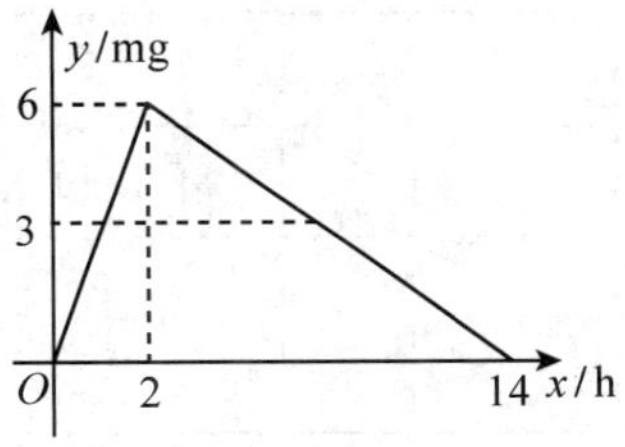

图 3-8

(1)用解析法表示函数 $f(x)$；

(2)如果成人服药后，每毫升血液中含药量为 3 mg 及以上是有效治疗时间，请问成人服药后的有效治疗时间是多久？

分析　观察图像知，函数 $f(x)$的定义域为$[0,14]$，且为分段函数．当 $0\leqslant x\leqslant 2$ 和 $2<x\leqslant 14$ 时，分别列出与之相应的解析式来表达此函数．

解　(1)当 $0\leqslant x\leqslant 2$ 时，设函数解析式为 $f(x)=kx$，则 $6=2k$，解得 $k=3$，故解析式为 $f(x)=3x$．

当 $2<x\leqslant 14$ 时，设函数解析式为 $f(x)=kx+b$，则

$$\begin{cases}2k+b=6,\\14k+b=0,\end{cases}\text{解得}\begin{cases}k=-\dfrac{1}{2},\\b=7,\end{cases}$$

故解析式为 $f(x)=-\dfrac{1}{2}x+7$.

所以，用解析法将函数 $y=f(x)$表示为

$$f(x)=\begin{cases}3x, & 0\leqslant x\leqslant 2,\\-\dfrac{1}{2}x+7, & 2<x\leqslant 14.\end{cases}$$

(2)由题意得，当 $f(x)=3$ 时，由函数 $f(x)$ 的解析式得 $3x=3$ 或 $-\frac{1}{2}x+7=3$，

解得 $x=1$ 或 $x=8$.

结合图像得，成人服药后的有效治疗时间为 $8-1=7$(h).

所以，成人服药后的有效治疗时间为 7 h.

同步训练 3.4.1

改错与反思

水平一

一、选择题

1. 某市出租车白天的收费标准如表所示，假设出租车行驶的路程为 x(km)，收费为 y(元). 根据表中信息，如果小李乘坐的出租车行驶了 7.8 km，途中无堵车，那么小李应付车费是(　　).

某市出租车白天的收费标准		
x/km	不超过 3 km	超过 3 km(含 3 km)
y/元	10 元	3 km 时，收费为 11 元；超过 3 km 的部分，则按每 0.5 km 1 元计费；不足 0.5 km 则不计费

A. 18 元　　B. 19 元　　C. 20 元　　D. 21 元

2. 一艘轮船在长江航线上往返于甲、乙两地，如果该轮船在静水中的速度保持不变，从甲地逆水航行到乙地，在乙地停留一段时间后，又从乙地顺水航行到甲地，设该轮船航行的路程 s(km)是所用时间 t(h)的函数，那么比较符合该轮船航行情况的图像是(　　).

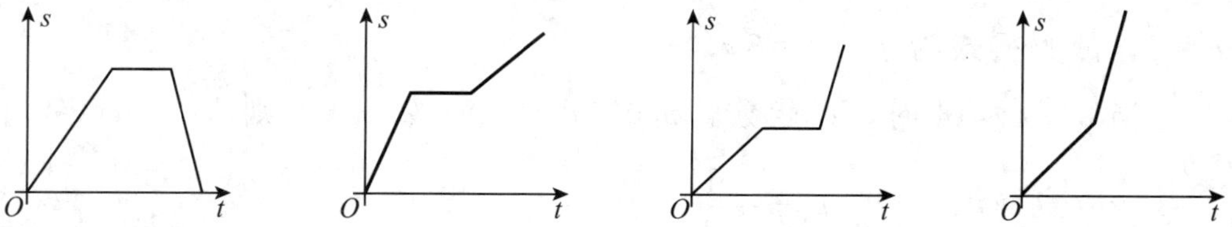

A.　　B.　　C.　　D.

3. 函数 $f(x)=\begin{cases}x+1, & x\leqslant 0,\\ x^2, & 0<x<2,\\ 2x, & x\geqslant 2,\end{cases}$ 若 $f(x)=1$，则 x 的值是(　　).

A. 0 或 ±1 或 $\frac{1}{2}$　　B. 0 或 1 或 $\frac{1}{2}$

C. 0 或 1　　D. 0 或 ±1

4. 如图所示，等腰直角三角形的直角边长为 1，M 为三角形边上一动点，运动路线是 $A\to B\to C\to A$，动点 M 与点 A 的距离 s 是时间 t 的函数，这个函数的图像是(　　).

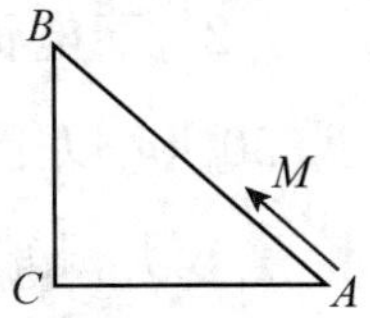

第 4 题图

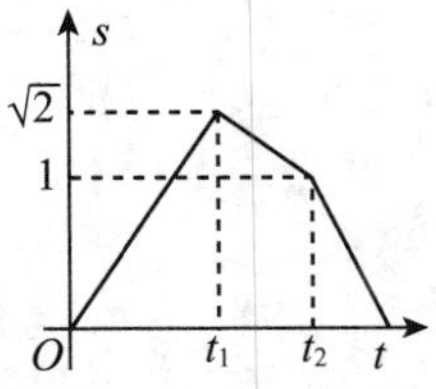

A.

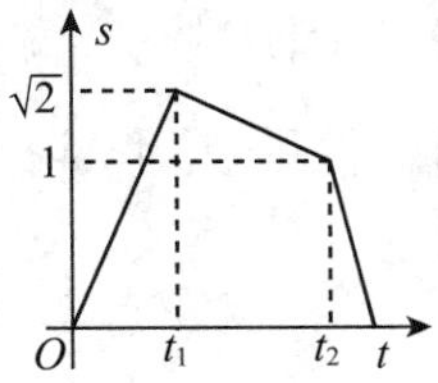

B.

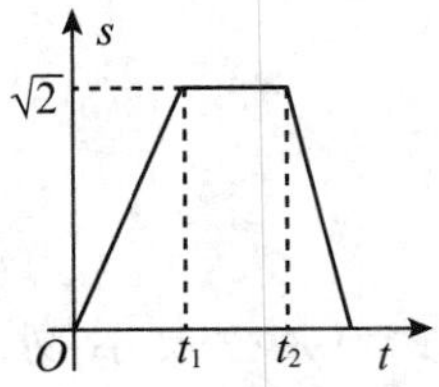

C.

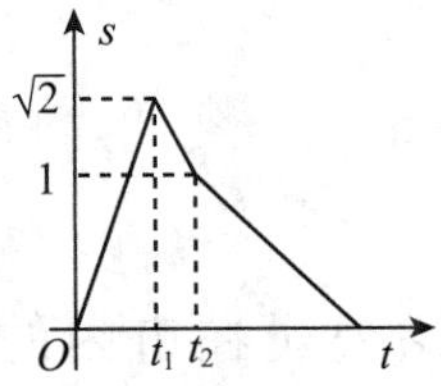

D.

二、填空题

1. 若函数 $f(x)=\begin{cases} x-3, & x\leqslant 3, \\ x^2, & 3<x<5, \\ x, & x\geqslant 5, \end{cases}$ 则 $f(4)=$________.

2. 某高一年级电子商务班准备网购班服，每套服装售价为 300 元，如果购买 45 套及以上，每套服装打九折，则购买班服的总金额 y(元)是数量 x(套)的函数，用解析法将函数 $y=f(x)$ 表示为________________.

三、解答题

1. 如图所示，函数 $f(x)$ 的定义域是$[0,+\infty)$.

(1)求函数在区间$[0,3]$所对应的解析式；

(2)求函数的解析式.

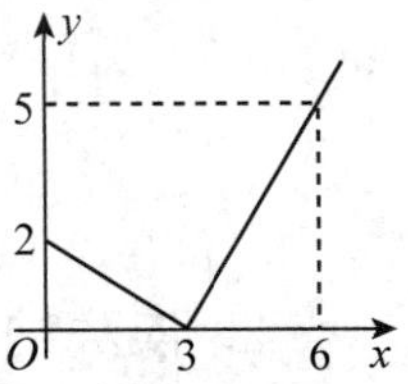

第 1 题图

2. 某电商平台为了促销某种水果，售价是6元/kg. 如果顾客一次性购买20 kg以上且50 kg及以下，则售价是5.5元/kg；购买超过50 kg，则售价是5元/kg. 假设某顾客一次性购买这种水果x(kg)，电商收款是y(元).

(1)用解析法表示函数$y=f(x)$；

(2)某顾客一次性购买46 kg这种水果，需付款多少？

水平二

1. 某市某快递公司在市内的运费价格如表所示，用x(kg)表示物品的质量，y(元)表示快递物品的运费．

质量	计费价格
首重1 kg及以下	10元
续重(超过1 kg的部分)	6元/kg

(1)某顾客在本市内快递物品，如果质量是3 kg，那么他应付快递费多少元？

(2)用解析法表示函数$y=f(x)$；

(3)画出函数$f(x)$的图像．

2. 依法纳税是每个公民的义务．从2019年1月1日开始我国个人所得税按新办法缴纳个人所得税，降低了公民的纳税金额．个人所得税每月免征额调整为5 000元(按减去扣除项后计，下同，扣除项目中增加了赡养父母费、子女教育费、继续教育费、住房租金、住房贷款等)，即个人月薪资收入不超过5 000元的，个人预纳税金额为0元，超过5 000元部分才征收个人所得税(此时为预缴税，在年度汇算清缴时，进行多退少补). 国家征收个人所得税税率进行分段税率计算，部分分段税率如表所示．

级数	每月纳税所得额(计税金额)	税率/%
1	不超过 3 000 元的部分	3
2	超过 3 000 元至 12 000 元的部分	10
3	超过 12 000 元至 25 000 元的部分	20

(1)李某 2019 年 10 月的薪资收入为 7 200 元，问李某 10 月个人所得税纳税金额是多少？

(2)当个人月薪资收入不超过 17 000 元时，请用解析法表示个人所得税纳税金额 y(元)与个人月薪资收入 x(元)的函数关系．

3. 我国是用电量最高的国家，国家发出节能减排的号召，鼓励市民节约用电，2019 年国家对居民用户每月电价实行“分档递增”收费．某城市居民用电计费如表所示．假设这个城市的居民用户某月用电量是 x(kW・h)，需支付电费 y(元)．

档次	用电量	价格
第一档	不超过 220 kW・h 的部分	0.5 元/(kW・h)
第二档	220 kW・h 以上至 440 kW・h 的部分	0.6 元/(kW・h)
第三档	超过 440 kW・h 的部分	0.8 元/(kW・h)

(1)用解析法表示 y 与 x 的函数关系；

(2)如果小杨家 10 月用电量是 300 kW・h，那么他家应该支付电费多少？

(3)如果小张家 12 月支付电费是 260 元，那么他家用电量是多少？

3.4.2　函数的应用(二)

笔　记

知识要点

二次函数的应用模型：在学习建立二次函数的数学模型过程中，体会两个变量之间的对应关系，利用二次函数的图像性质解决与最值有关的实际问题，积累建立二次函数的数学模型来解决实际问题的方法和经验．此类函数的应用还与方程、不等式联系紧密，学习综合应用函数的有关知识来解决实际问题的方法，不断积累、总结方法和经验，提高数学的应用能力．

运用举例

例 1　小李准备砌一个矩形花台，他已备足可砌 36 m 长的建筑材料．当矩形花台的长、宽各为多少米时，可以使矩形花台的面积最大，最大面积是多少平方米？

分析　矩形花台的周长是定长，因为周长＝(长＋宽)×2，所以可设矩形花台的长(或宽)为 x，用含 x 的代数式表示宽(或长)，最后由矩形面积公式，用含 x 的代数式表达面积 y.

解　如图 3-9 所示，设矩形花台 $ABCD$ 中，边 AB 的长度为 x(m)，矩形 $ABCD$ 的面积为 y(m^2)，则 BC 的长度为 $\frac{36-2x}{2}=18-x$(m)，

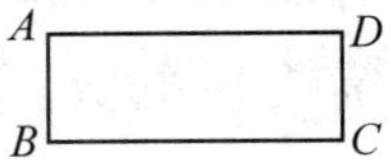

图 3-9

由题意得 $y=x(18-x)=-x^2+18x$，

又因为 x 的取值必须符合实际意义，所以必须满足 $\begin{cases}x>0,\\18-x>0,\end{cases}$ 即 $0<x<18$，

所以，y 与 x 的函数关系是 $y=-x^2+18x$，$0<x<18$.

配方得 $y=-(x-9)^2+81$.

所以，当 $x=9$ 时，函数的最大值是 81.

答：当矩形花台的长、宽各为 9 m 时，可以使矩形花台的面积最大，最大面积是 81 m^2.

例 2　某市有一种特色小吃，产品畅销市内外，该产品某销售点发现，如果每箱产品盈利 10 元，每天可售出 60 箱，若每箱产品涨 1 元，则销售量将减少 2 箱．

(1)现该销售点每天盈利 750 元，如果要让顾客得到实惠，那么每箱产

品应涨价多少元？

(2)设每箱产品涨价 x(元)，该销售点盈利 y(元)，列出 y 与 x 的函数关系式；

(3)若该销售点单纯从经济角度考虑，当每箱产品涨价多少元时，每天就能获得最大利润？最大利润是多少？

分析　销售产品的盈利和销售量都与涨价多少有关，设涨价 x(元)，用含 x 的代数式表示每箱产品的盈利和销售量．

解　(1)设每箱产品涨价 x(元)，则每箱产品盈利 $(10+x)$元，销售量为 $(60-2x)$箱，由题意得

$(10+x)(60-2x)=750$，

化简得 $x^2-20x+75=0$，

解得 $x_1=5$，$x_2=15$.

因为同时要让顾客得到实惠，所以每箱产品应涨价 5 元．

(2)由题意得出 y 与 x 的函数关系式是 $y=-2x^2+40x+600$，$0\leqslant x<30$.

(3)设每箱产品涨价 x(元)，该销售点每天盈利 y(元)，由(2)得 $y=-2x^2+40x+600$，$0\leqslant x<30$，

配方得 $y=-2(x-10)^2+800$，

所以当 $x=10$ 时，函数的最大值为 $y=800$.

所以，若该销售点单纯从经济角度考虑，当每箱产品涨价 10 元时，每天能获得最大利润，最大利润是 800 元．

同步训练 3.4.2

水平一

改错与反思

一、选择题

1. 二次函数 $f(x)=x^2+6x-2$，$x\in[-5,1]$的图像如图所示，则下列说法错误的是(　　).

A. 函数的定义域是$[-5,1]$

B. 函数的值域是$[-11,5]$

C. 函数有最小值-11，无最大值

D. 函数的最小值是-11，最大值是 5

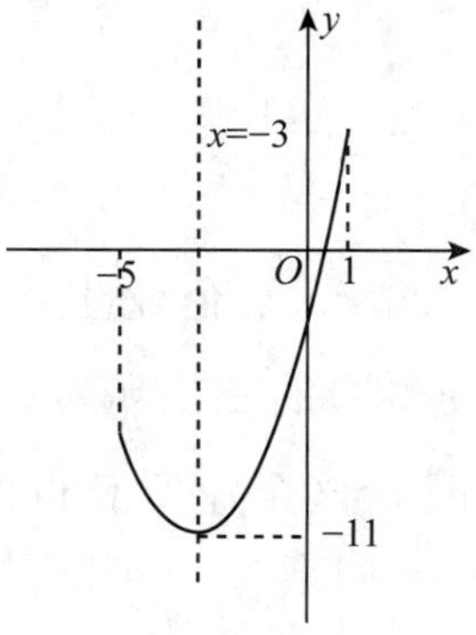

第 1 题图

2. 已知二次函数 $y=3x^2-12x+62$，下列说法正确的是(　　).

A. 当 $x=2$ 时，函数的最大值为 50

B. 当 $x=2$ 时，函数的最小值为 50

C. 当 $x=0$ 时，函数的最大值为 62

D. 当 $x=0$ 时，函数的最小值为 62

3. 已知二次函数 $y=-2x^2-8x+25$，下列说法正确的是(　　).

A. 当 $x=-2$ 时，函数的最大值为 33

B. 当 $x=-2$ 时，函数的最小值为 33

C. 当 $x=0$ 时，函数的最大值为 25

D. 当 $x=0$ 时，函数的最小值为 25

4. 某等腰梯形的上底是 $(x-2)$ m，下底是 $(8-2x)$ m，高是 x(m)，面积为 $y(\mathrm{m}^2)$，则下列说法不正确的是(　　).

A. 梯形的面积 $y(\mathrm{m}^2)$ 与高 x(m) 的对应关系是 $y=\dfrac{[(x-2)+(8-2x)]x}{2}$

B. 自变量 x 的取值范围是 $\{x \mid 2<x<4\}$

C. 自变量 x 的取值范围是 $\{x \mid x>0\}$

D. 当 $x=3$ m 时，梯形的面积最大，最大面积为 $\dfrac{9}{2}$ m^2

二、填空题

1. 已知二次函数 $f(x)=-x^2-12x$，当 $x=$________时，函数取最大值，最大值为________.

2. 已知二次函数 $f(x)=x^2-8x+7$，当 $x=$________时，函数取最小值，最小值为________.

三、解答题

1. 如果将一个排球以 25 m/s 的速度从地面垂直抛向空中，在 t(s) 时刻，排球的高度为 h(m)，h 与 t 的函数关系是 $h=-5t^2+25t$，$0\leqslant t\leqslant 5$. 当 t 等于多少时，排球达到最高点，此时的高度是多少？

2. 某企业生产某种食品，销售该食品所获得的总利润 y(元) 是销量 x(件) 的二次函数，且 $y=-x^2+3\,600x-10\,000$. 试问：当销量达到多少时，该企业所获得的总利润最大？最大利润是多少？

水平二

1. 小明想在自家院内修建一个“日”字形饲养室，如图所示，饲养室一边靠墙，里面是大小完全相同的鸡舍和兔舍，用于修建的材料总长是 48 m.

(1)设饲养室中 AB 的长度为 x m，饲养室 $ABCD$ 的面积是 y m^2，用解析法表示函数 $y=f(x)$；

(2)当 AB 的长度是多少米时，饲养室 $ABCD$ 的面积最大，最大面积是多少平方米？

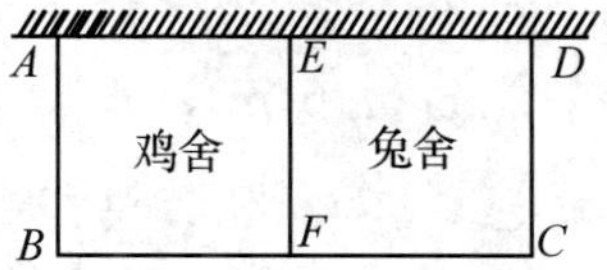

第 1 题图

2. 某物业公司于 2017 年投资建成了一个拥有 300 个车位的地下停车场，所有车位都用于出租，租期一年，没租出的每个车位每年该物业公司需支出各种费用 300 元，2017 年公司将每个车位的租金定为一年 3 600 元，所有车位全部租出.

(1)2018 年，公司将每个车位的租金提高到一年 4 800 元，请问该物业公司至少需要租出多少个车位，才能使得其收益不低于 2017 年？

(2)由于购车人数不断增加，人们对车位的需求越来越大，该物业公司决定 2021 年继续提高租金，经调查发现在 2017 年的基础上，每个车位每提高 100 元，租出的车位将会减少 4 个. 请问每个车位租金定为一年多少元时，物业公司获得的收益最大，最大收益是多少元？

(3)当该物业公司将租金一年定为多少元时，公司就能获得不低于 1 208 000 元的收益？

数学窗

小欧拉智改羊圈

欧拉是数学史上著名的数学家，他在数论、几何学、天文数学、微积分等领域中都有出色的表现．

欧拉小时候帮父亲放羊，他一面放羊，一面读书．家里羊渐渐多了，达到了100只．原来的羊圈太小了，欧拉父亲决定建一个新的羊圈．父亲量出了一块长方形的土地，长40 m，宽15 m，面积正好是600 m^2，平均每一只羊能占地6 m^2．正打算动工的时候，父亲发现现有的材料只够围100 m的篱笆，不够用．要想围成长40 m、宽15 m的羊圈，其周长将是$(40+15)\times 2=110$(m)．欧拉的父亲感到十分为难，若要按原计划建羊圈，就要再添10 m长的材料；要是缩小面积，每只羊的占地面积就会小于6 m^2．欧拉却跟父亲说，不用增加材料，也不用缩小羊圈．欧拉的父亲同意让他试试看．欧拉赶紧跑到准备动工的羊圈旁，他以一个木桩为中心，将原来的40 m边长截短，缩短到25 m．再将原来15 m的边长延长，又增加了10 m，变成了25 m．经这样一改，原来计划中的羊圈变成了一个25 m边长的正方形，面积达到了$25\times 25=625$(m^2)．父亲照着欧拉设计的羊圈扎上了篱笆，材料正好够用，面积比原来想象的还稍稍大了一些．

亲爱的同学们，你们知道欧拉应用了数学的哪部分知识来解决问题吗？

节选自：晓树．思想家论人的行为．北京：北京工业大学出版社，2011．引用时有修改．

第四单元 · 指数函数与对数函数

4.1 实数指数幂

知识要点

笔 记

1. n 次方根：一般地，如果 $b^n=a(n>1, n\in\mathbf{N})$，那么 b 叫作 a 的 n 次方根.

(1)当 n 为奇数时，正数 a 的 n 次方根只有一个，记作 $x=\sqrt[n]{a}$；

(2)当 n 为偶数时，正数 a 的 n 次方根有两个，记作________$(a>0)$.

0 的 n 次方根是 0.

2. n 次根式：形如 $\sqrt[n]{a}(n>1, n\in\mathbf{N})$ 的式子叫作 a 的 n 次根式. 其中 n 叫作________，a 叫作被开方数.

3. 整数指数幂：当 $a\neq 0$，$n\in\mathbf{N}_+$ 时，$a^0=1$，$a^{-n}=$________.

4. 分数指数幂：

(1)规定：$a^{\frac{m}{n}}=$________，其中 m，$n\in\mathbf{N}_+$，$n>1$.

当 n 为奇数时，a 的取值范围是 $a\in\mathbf{R}$；

当 n 为偶数时，a 的取值范围是 $a\geqslant 0$.

(2)当 $a^{\frac{m}{n}}$ 有意义，且 $a\neq 0$ 时，规定：$a^{-\frac{m}{n}}=\frac{1}{\sqrt[n]{a^m}}(a>0, m, n\in\mathbf{N}_+, n>1)$.

5. 有理数指数幂的运算法则：当 $a>0$，$b>0$，m，$n\in\mathbf{Q}$ 时，

(1) $a^m a^n=a^{m+n}$；(2) $(a^m)^n=a^{mn}$；(3) $(ab)^n=a^n b^n$.

注：当 $a>0$，m，$n\in\mathbf{R}$ 时，上述运算法则叫作实数指数幂的运算法则.

运用举例

例 1　计算：$\sqrt{2}\times\sqrt[4]{2}\div\sqrt[8]{2}$.

分析　将根式化为有理数，进行计算．

解　原式$=2^{\frac{1}{2}}\times2^{\frac{1}{4}}\div2^{\frac{1}{8}}=2^{\frac{1}{2}+\frac{1}{4}-\frac{1}{8}}=2^{\frac{5}{8}}$.

例 2　计算：$9^{\frac{1}{2}}-\left(\frac{1}{64}\right)^{-\frac{1}{3}}+\sqrt{100}+2\ 021^{0}$.

分析　用实数指数幂的运算法则进行计算．

解　原式$=(3^{2})^{\frac{1}{2}}-\left[\left(\frac{1}{4}\right)^{3}\right]^{-\frac{1}{3}}+10+1$

$=10.$

同步训练 4.1

改错与反思

水平一

一、选择题

1. $\sqrt{25}$的值是(　　).

A. 0　　B. 5　　C. -5　　D. ±5

2. $(-m^{2})^{3}$ 的值是(　　).

A. m^{5}　　B. $-m^{5}$　　C. m^{6}　　D. $-m^{6}$

3. 下列根式中无意义的是(　　).

A. $\sqrt{-2}$　　B. $\sqrt{0}$

C. $\sqrt[5]{-4}$　　D. $\sqrt[3]{6}$

4. 下列运算中，正确的是(　　).

A. $(6^{\frac{2}{3}})^{\frac{3}{2}}=6$　　B. $6^{\frac{2}{3}}\cdot6^{\frac{3}{2}}=6$

C. $6^{\frac{2}{3}}\cdot6^{-\frac{2}{3}}=6$　　D. $6^{\frac{2}{3}}\div6^{\frac{3}{2}}=6$

二、填空题

1. 根式 $\sqrt[3]{m^{7}}$ 化成分数指数幂为________，$a^{\frac{5}{2}}$ 化成根式为__________.

2. 计算：$\sqrt{5}\times\sqrt[4]{5}=$________.

3. 化简：若 $m>0$，$n>0$，则$(m^{\frac{4}{3}}\times n^{\frac{1}{2}})^{6}=$________.

三、解答题

1. 计算：$\left(\frac{1}{3}\right)^{-2}\times\left(\frac{97}{100}\right)^{0}\div(2^{\frac{2}{3}})^{3}$.

2. 化简：$2(m^{3}n)^{-1}\times(m^{2}n^{4})^{\frac{3}{2}}$.

水平二

1. 计算：$16^{\frac{1}{4}}+\left(3\frac{3}{8}\right)^{\frac{1}{3}}-[(-2)^{2}]^{\frac{3}{2}}+3\pi^{0}$.

2. 计算：$8^{\frac{2}{3}}\times100^{-\frac{1}{2}}\div\left(\frac{1}{4}\right)^{-3}\div\left(\frac{16}{81}\right)^{-\frac{3}{4}}+(\sqrt{5}-2)^{2\,021}(\sqrt{5}+2)^{2\,021}$.

3. 计算：$4\times\left(\frac{1}{4}\right)^{-\frac{1}{2}}+\left(\frac{1}{2}\right)^{-3}-(0.01)^{\frac{1}{2}}-2^{-2}\times\left(2\frac{1}{4}\right)^{-\frac{1}{2}}$.

4.2　指数函数

4.2.1　指数函数的定义与图像

知识要点

笔　记

1. 指数函数的定义：一般地，形如____________$(a>0$，且 $a\neq1)$的函数叫作指数函数．其中底数 a 是常数，指数 x 是自变量，定义域是 **R**.

2. 判断指数函数的方法：(1)底数 a 是大于 0 且不等于 1 的常数，指数 x 是自变量；(2)a^x 的系数是 1.

3. 指数函数 $y=a^x(a>0$，且 $a\neq1)$的图像如图 4-1 所示．

(1)$a>1$；　　　　(2)$0<a<1$.

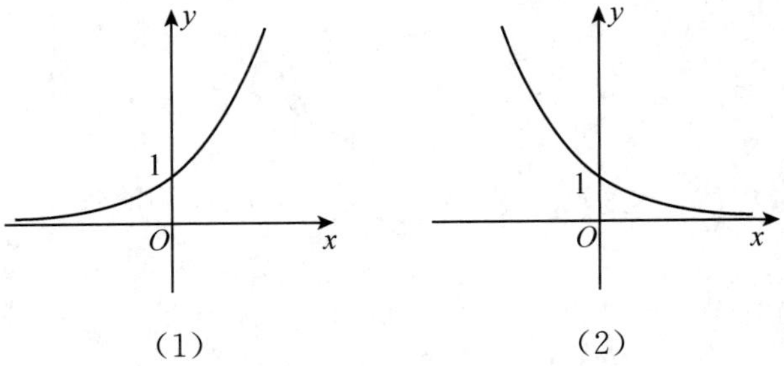

图 4-1

运用举例

例 1　判断下列哪些函数是指数函数？

(1)$y=(-2)^x$；(2)$y=4^x$；(3)$y=x^3$；(4)$y=2\times5^x$.

分析　正确理解指数函数的概念、特点．

解　(1)底数 $-2<0$，不是指数函数．

(2)底数 $4>0$，是指数函数．

(3)底数 x 不是常数，不是指数函数．

(4)5^x 的系数是 2，不是指数函数．

例 2　已知指数函数 $f(x)=a^x$，满足 $f(-2)=9$.

(1)求 a 的值；　　(2)求 $f(3)$的值．

分析　由条件可以确定底数 a，然后求函数值．

解　(1)因为指数函数 $f(x)=a^x$，满足 $f(-2)=9$.

所以 $a^{-2}=9$，由于 $\left(\frac{1}{a}\right)^2=3^2$，所以 $a=\frac{1}{3}$.

(2)因为函数的解析式为 $f(x)=\left(\frac{1}{3}\right)^x$，

所以 $f(3)=\left(\frac{1}{3}\right)^3=\frac{1}{27}$.

同步训练 4.2.1

改错与反思

水平一

一、选择题

1. 下列函数中是指数函数的是(　　).

A. $y=(-2.8)^x$　　B. $y=2x^3$　　C. $y=\left(\frac{1}{4}\right)^x$　　D. $y=x^{\frac{1}{2}}$

2. 函数 $y=4^{x-1}$ 的定义域为(　　).

A. $x>1$　　B. $x<1$　　C. $x\geqslant1$　　D. $\mathbf{R}$

3. 已知 $f(x)=6^x$，则 $f(-2)$的值为(　　).

A. $\frac{1}{36}$　　B. $\frac{1}{6}$　　C. 6　　D. 36

4. 函数 $y=4^x$ 的大致图像是(　　)

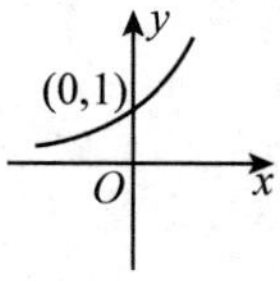

A.

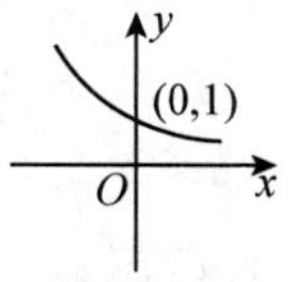

B.

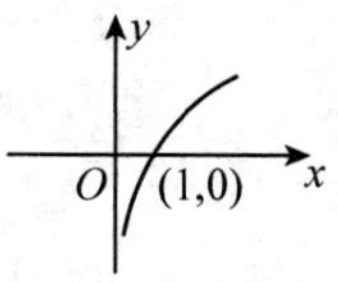

C.

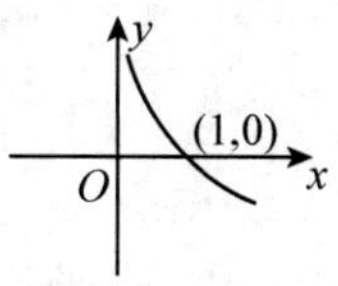

D.

二、填空题

1. 若函数 $f(x)=(m-2)^x$ 是指数函数，则 m 的取值范围是________.

2. 已知指数函数 $f(x)=a^x$，满足 $f(-3)=27$，则 $a=$________.

3. 比较大小：(1)$3^{\frac{1}{2}}$ ________ 0；(2)0.4^2 ________ 0.4^3.

三、解答题

已知指数函数 $f(x)=a^x$，满足 $f(2)=25$.

(1)求 a 的值；

(2)求 $f(-3)$的值.

水平二

1. 已知指数函数 $f(x)=a^x$，满足 $f\left(\frac{5}{2}\right)=32$.

(1)求 $f(x)$的解析式；

(2)求 $f(-2)$的值.

2. 已知指数函数 $f(x)=2^x$，满足 $f(m+1)=\frac{1}{64}$，求 m 的值.

3. 若函数 $f(x)=(a^2-4a+4)\ a^x$ 是指数函数，求 a 的值.

4.2.2 指数函数的性质

知识要点

指数函数 $y=a^x(a>0$，且 $a\neq1)$具有下列性质．

(1)函数的定义域是 **R**，值域是$(0,+\infty)$；

(2)当 $x=0$ 时，函数值 $y=$________；

(3)当 $a>1$ 时，函数在$(-\infty,+\infty)$内是________函数；当 $0<a<1$ 时，函数在$(-\infty,+\infty)$内是________函数．(填“增”或“减”)

能借助几何直观认识指数函数，会用指数函数的图像和性质解决问题．

运用举例

例 1 比较下列各组数中两个值的大小．

(1)$1.6^{2.3}$ 与 1.6^4；　　(2)$0.7^{-0.2}$ 与 $0.7^{2.6}$．

分析 可以考查函数 $y=1.6^x$，$y=0.7^x$ 在 x 处的函数值，利用函数的单调性比较函数值的大小．

解 (1)因为 $y=1.6^x$ 是 **R** 上的增函数，且 $2.3<4$，

所以 $1.6^{2.3}<1.6^4$．

(2)因为 $y=0.7^x$ 是 **R** 上的减函数，且 $-0.2<2.6$，

所以 $0.7^{-0.2}>0.7^{2.6}$．

例 2 求函数 $y=\sqrt{25-5^x}$ 的定义域．

分析 由偶次根式的被开方数大于或等于 0 求解．

解 要使函数有意义，必须满足

$25-5^x\geqslant0$，即 $5^x\leqslant5^2$．

又因为 $y=5^x$ 是增函数，所以 $x\leqslant2$，

所以，函数的定义域是$(-\infty,2]$．

同步训练 4.2.2

笔 记

改错与反思

水平一

一、选择题

1. 函数 $y=0.4^x$ 一定经过点(　　)．

A. $(0,0)$　　B. $(-1,-0.4)$　　C. $(0,1)$　　D. $(0.4,1)$

2. 函数 $y=\left(\frac{1}{4}\right)^{x}$ 的值域为(　　).

A. $\mathbf{R}$　　B. $(0,+\infty)$

C. $(-\infty,0)$　　D. $(-\infty,+\infty)$

3. 已知函数 $y=1.7^{x}$，当 $x\in(0,+\infty)$时，则 y 的取值范围是(　　).

A. $(0,+\infty)$　　B. $(0,1)$

C. $(1,+\infty)$　　D. $(-\infty,0)\cup(0,+\infty)$

二、填空题

1. 若函数 $f(x)=(m-3)^{x}$ 在 $\mathbf{R}$ 上是增函数，则 m 的取值范围是________.

2. 比较大小：(1)$0.3^{-4.5}$ ________ $0.3^{-4.3}$；(2)$8^{0.6}$ ________ $8^{2.3}$.

三、解答题

1. 解方程：$3^{x(x-3)}=81$.

2. 已知指数函数 $f(x)=a^{x}$ 的图像过点$(-3,8)$.

(1)求 $f(x)$的解析式；

(2)求 $f(-2)$的值.

水平二

1. 求函数 $y=\sqrt{x+1}+\frac{5}{3^{x}-1}$的定义域.

2. 设函数 $y_1=m^{2x+3}$，$y_2=m^{x^2}$，其中 $0<m<1$. 若 $y_1<y_2$，求 x 的取值范围.

3. 已知指数函数 $f(x)=a^x(a>1)$在[1，2]上的最大值与最小值的差是 2，求 a 的值.

数学窗

同学们对折纸游戏都不会感到陌生，折纸游戏虽然简单，但它背后蕴含着很多数学知识. 你有没有想过，假如将一张纸连续对折 100 次(如果可以的话)，会出现怎样的现象呢?

科学家曾做过一项研究，将一张足够大、足够柔软的 1 mm 厚的纸，连续折叠 42 次后，纸张厚度约为 4.4×10^5 km，而地球和月球之间的距离约为 3.8×10^5 km，即将一张纸连续折叠 42 次，其厚度可以连接地球和月球，那么我们将一张纸连续对折 100 次，又会出现怎样奇妙的事情呢? 感兴趣的同学可以试一试.(提示：折纸，每对折一次相当于厚度乘 2，一张纸连续对折 100 次(如果可以的话)，相当于一张纸的厚度乘 2^{100})

4.3　对数

4.3.1　对数的定义

知识要点

笔　记

1. 对数的定义：如果 $a^x=N(a>0$，且 $a\neq1)$，那么数 x 叫作以 a 为底 N 的对数，记作______________，其中 a 叫作对数的底数，N 叫作真数 .

2. 形如 $a^b=N$ 叫作指数式，形如$\log_a N=b$ 叫作对数式 .

3. 常用对数：以 10 为底的对数叫作常用对数，$\log_{10}N$ 简记为________ .

4. 自然对数：以 e 为底的对数叫作自然对数，$\log_e N$ 简记为________ .

5. 对数的性质($a>0$，且 $a\neq1$)：

(1)零和负数没有对数；

(2)$\log_a 1=0$，即 1 的对数为 0；

(3)$\log_a a=1$，即底数的对数为 1.

运用举例

例 1　若$\log_{27}x=\dfrac{2}{3}$，求 x 的值 .

分析　将对数式化为指数式，进行计算 .

解　由$\log_{27}x=\dfrac{2}{3}$，得 $x=27^{\frac{2}{3}}=(3^3)^{\frac{2}{3}}=3^2=9$.

例 2　计算 .

(1)lg 100；　　(2)lg 0. 000 1.

分析　正确理解指数式与对数式的关系 .

解　(1)因为 $10^2=100$，所以 lg 100=2.

(2)因为 $10^{-4}=0.0001$，所以 lg 0. 000 1=−4.

同步训练 4.3.1

改错与反思

水平一

一、选择题

1. 将 $2^m=6$ 化为对数式可表示为(　　).

A. $m=\log_6 2$　　B. $6=\log_2 m$　　C. $m=\log_2 6$　　D. $2=\log_6 m$

2. 若$\log_x \frac{1}{16}=4$，则 x 的值为(　　).

A. $\frac{1}{2}$　　B. 2　　C. $\frac{1}{4}$　　D. $\frac{1}{8}$

3. 已知 $\ln x=-2$，则 $x=$(　　).

A. 2　　B. e^{-2}　　C. e　　D. $(-2)^e$

二、填空题

1. 计算：$\log_4 1=$________；$\log_5 25=$________.

2. $\log_{0.7}\frac{49}{100}=2$ 写成指数式为________.

3. 若$\log_{\sqrt{3}}9=m$，则 $m=$________.

三、解答题

1. 不使用计算器，计算下列各式的值.

(1)$\log_{100}0.1$；　　(2)$\log_{0.1}0.001$.

2. 计算：$\log_{12}1-3\log_4 4$.

水平二

1. 计算：$8^{\frac{1}{3}}+(-2)^{-2}-(\sqrt{3}+2)^{\lg 1}$.

2. 计算：$9^{-\frac{1}{2}}-\log_3 3+\lg(\ln e)$.

3. 已知 $\log_a 3=m$，$\log_a 5=n$，求 a^{2m+n} 的值.

笔　记

4.3.2　对数的运算性质

知识要点

积、商、幂的对数($a>0$，且 $a\neq 1$，$q\in \mathbf{R}$)的运算性质．

(1)积的对数：$\log_a(MN)=\log_a M$ ________ $\log_a N$；

(2)商的对数：$\log_a \dfrac{M}{N}=\log_a M$ ________ $\log_a N$；

(3)幂的对数：$\log_a M^q=$ ________；

特别地，$\log_a a^b=b$.

运用举例

例 1　计算：$\log_3 63-\log_3 7$.

分析　根据商的对数公式计算．

解　原式$=\log_3 63-\log_3 7=\log_3 \dfrac{63}{7}=\log_3 3^2=2$.

例 2　已知 $\lg 2\approx 0.301\ 0$，$\lg 3\approx 0.477\ 1$，求 $\lg 12$ 的值．

分析　根据对数的运算性质计算．

解　$\lg 12=\lg(2^2\times 3)=2\lg 2+\lg 3\approx 2\times 0.301\ 0+0.477\ 1=1.079\ 1$.

同步训练 4.3.2

改错与反思

水平一

一、选择题

1. 若$\log_6 2=m$，则$\log_6 3=$(　　).

A. $\dfrac{m}{2}$　　B. $1-m$　　C. $1+m$　　D. $m-1$

2. 计算：$\log_2 64-\log_2 8=$(　　).

A 2　　B. 3　　C. 6　　D. $\log_2 56$

3. 若 $\ln x=\ln 2+\ln 5$，则 $x=$(　　).

A. 10　　B. $\dfrac{2}{5}$　　C. $5e^2$　　D. 1

二、填空题

1. 计算：$\log_8 4+\log_8 16=$ ________．

2. 计算：$\log_{11}\sqrt{11}=$________．

三、解答题

1. 计算：$\lg 13-\lg \frac{13}{2}+\lg 5$.

2. 已知 $\lg m=5.56$，$\lg n=3.56$，求$\frac{m}{n}$的值．

水平二

1. 已知$(2x-1)^2+(y-8)^2=0$，求$\log_2 \frac{x}{y}$的值．

2. 计算：$\left(\frac{1}{27}\right)^{-\frac{1}{3}}+\lg 30+\lg 0.1-\lg 3$.

4.3.3　(选学)换底公式、对数恒等式

知识要点

笔　记

1. 换底公式($a>0$，且 $a\neq1$；$c>0$，且 $c\neq1$)：

$\log_a N=\dfrac{\log_c N}{\log_c a}$.

特别地，$\log_a N=$________(换成以 10 为底的对数)；$\log_a N=$________(换成以 e 为底的对数).

2. 对数恒等式($a>0$，且 $a\neq1$)：

$a^{\log_a N}=$________.

运用举例

例 1　计算：$(\log_4 3+\log_8 3)\dfrac{\lg 2}{\lg 3}$.

分析　运用换底公式计算.

解　原式$=(\log_4 3+\log_8 3)\dfrac{\lg 2}{\lg 3}=\left(\dfrac{\lg 3}{\lg 4}+\dfrac{\lg 3}{\lg 8}\right)\dfrac{\lg 2}{\lg 3}$

$$=\frac{\lg 3}{2\lg 2}\cdot\frac{\lg 2}{\lg 3}+\frac{\lg 3}{3\lg 2}\cdot\frac{\lg 2}{\lg 3}=\frac{5}{6}.$$

例 2　已知 $f(x)=2^{x-1}$，求 $f(\log_2 12)$的值.

分析　运用指数的性质和对数恒等式计算.

解　因为 $f(x)=2^{x-1}$，所以 $f(\log_2 12)=2^{\log_2 12}\times2^{-1}=12\times2^{-1}=6$.

同步训练 4.3.3

改错与反思

水平一

一、选择题

1. 下列运算中正确的是(　　).

A. $\log_3 5\cdot\log_3 7=\log_3 35$

B. $\log_3 5\cdot\log_3 7=\log_3 8$

C. $\dfrac{\log_3 5}{\log_3 7}=\log_7 5$

D. $\dfrac{\log_3 5}{\log_3 7}=\log_3\dfrac{5}{7}$

2. 计算：$5^{\log_5 2}$ 的值为(　　).

A $\sqrt{2}$　　B. 2　　C. 4　　D. 5

3. 计算：$\log_3 4 \cdot \log_{16} 27$ 的值为(　　).

A. $\frac{3}{2}$　　B. $\frac{9}{4}$　　C. $\frac{3}{4}$　　D. $\log_3 2$

二、填空题

1. 计算：$\log_2 25 \cdot \log_5 8=$________.

2. 计算：$6^{\log_6 5}+\log_{\sqrt{2}} 4=$________.

三、解答题

1. 计算：$2^{\log_2 3}+0.01^{-\frac{1}{2}}-\left(\frac{1}{\sqrt{2}-1}\right)^0$.

2. 计算：$3^{\log_3 \frac{1}{2}}+\lg 20-\lg 2+\log_3 4 \cdot \log_4 3$.

水平二

1. 计算：$16^{\frac{1}{4}}-\lg\sqrt{100}+\log_2 5 \cdot \log_5 4$.

2. 计算：$\left(\frac{1}{27}\right)^{-\frac{1}{3}}+(\sqrt{2}-1)^{\lg 1}-\log_5 6 \cdot \log_6 25$.

3. 计算：$7^{\log_7 3}+\lg 5-2^{-1}+\lg 2+\log_2 3\cdot\log_9 16$.

数学窗

对数是数学中的重要知识．在中学数学教材中，先学习指数，后学习对数．

在历史上，对数先出现，后来才出现指数，这是因为对数发明的初衷并不是求解指数的幂，而是求解多个数的连乘之积．

在数学史上，一般认为对数的发明者是16世纪末到17世纪初的数学家纳皮尔．

在纳皮尔所处的年代，哥白尼的“太阳中心说”刚刚开始流行，这导致天文学成为当时的热门学科．可是由于当时常量数学的局限性，研究者不得不花费很多的精力去计算那些繁杂的“天文数字”，因此浪费了若干年甚至毕生的宝贵时间．纳皮尔也是当时的一位天文爱好者，为了简化计算，他多年潜心研究较大数字的计算，终于发明了“对数”．

4.4 对数函数

4.4.1 对数函数的定义

知识要点

1. 对数函数的定义：一般地，形如______________($a>0$，且 $a\neq1$)的函数叫作对数函数．其中 x 是自变量，函数的定义域是$(0，+\infty)$．能用代数认识对数函数的定义．

2. 判断对数函数的方法：

(1)底数 a 是大于 0 且不等于 1 的常数，真数 x 是自变量；

(2)$\log_a x$ 的系数是 1.

笔 记

运用举例

例 1 判断下列哪些函数是对数函数？

(1)$y=\log_2(-x)(x<0)$；(2)$y=3\log_5(x-1)(x>1)$；

(3)$y=\ln x$.

分析 正确理解对数函数的概念、特点．

解 (1)自变量是$-x$，不是对数函数．

(2)系数是 3，不是 1，自变量是 $x-1$，不是对数函数．

(3)系数是 1，自变量是 x，是对数函数．

例 2 已知对数函数 $f(x)=\log_a x$，满足 $f(4)=-2$.

(1)求 a；

(2)求 $f\left(\frac{1}{8}\right)$的值．

分析 由条件可以确定底数 a，然后求函数值．

解 (1)因为对数函数 $f(x)=\log_a x$，满足 $f(4)=-2$，

所以$\log_a 4=-2$，$a^{-2}=4$，

由于$\left(\frac{1}{a}\right)^2=2^2$，所以 $a=\frac{1}{2}$.

(2)因为函数的解析式为 $f(x)=\log_{\frac{1}{2}}x$，

所以 $f\left(\frac{1}{8}\right)=\log_{\frac{1}{2}}\frac{1}{8}=3$.

改错与反思

同步训练 4.4.1

水平一

一、选择题

1. 下列函数中不是对数函数的是(　　).

A. $y=\log_4 x$　　B. $y=\log_{-3} x$

C. $y=\log_{0.5} x$　　D. $y=\log_{\sqrt{6}} x$

2. 函数 $y=\log_5(2x-4)$的定义域为(　　).

A. $\{x \mid x>2\}$　　B. $\{x \mid x<2\}$

C. $\{x \mid x\geqslant 2\}$　　D. $\mathbf{R}$

3. 已知函数 $f(x)=\log_a x$，满足 $f(16)=2$，则 a 的值为(　　).

A. $\frac{1}{4}$　　B. $\frac{1}{2}$　　C. 2　　D. 4

二、填空题

1. 若函数 $f(x)=2\lg x-1$，则 $f(10)$的值是________.

2. 函数 $f(x)=\log_{\frac{1}{3}}(6-3x)$的定义域是________.

3. 比较大小：(1)$\log_{\frac{1}{3}}9$ ________ 0；(2)$\log_2 4$ ________ $\log_2 8$.

三、解答题

已知函数 $f(x)=\log_2(x+3)$，满足 $f(m)=2$，求 m 的值.

水平二

1. 若函数 $f(x)=\log_{(2a-1)}x+(a^2-3a+2)$ 是对数函数，求 a 的值．

2. 已知函数 $f(x)=\log_2(3k-2x)$，满足 $f(1)=0$.

(1)求 k 的值；

(2)求函数的定义域．

4.4.2　对数函数的图像与性质

笔　记

知识要点

1. 对数函数 $y=\log_a x(a>0$，且 $a\neq1)$的图像如图 4-2 所示．

(1)$a>1$；　　　　(2)$0<a<1$.

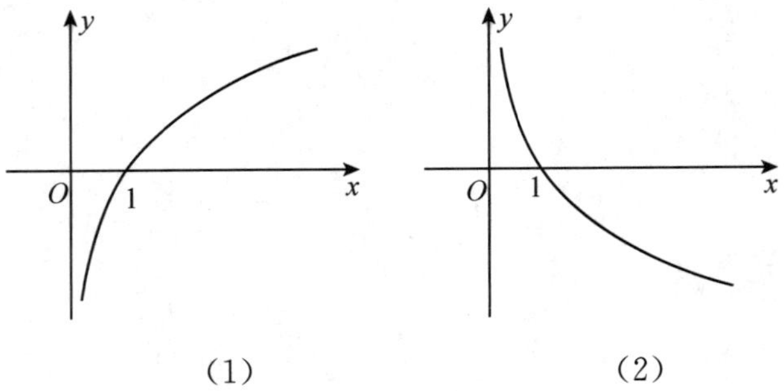

图 4-2

2. 对数函数的性质：一般地，对数函数 $y=\log_a x(a>0$，且 $a\neq1)$具有下列性质．

(1)函数的定义域是$(0,+\infty)$，值域是 $\mathbf{R}$；

(2)当 $x=1$ 时，函数值 $y=$________；

(3)当 $a>1$ 时，函数在$(0,+\infty)$内是________函数；当 $0<a<1$ 时，函数在$(0,+\infty)$内是________函数．(填“增”或“减”)

借助几何直观认识对数函数，会用对数函数的图像和性质解决问题．

运用举例

例 1　比较下列各组数中两个值的大小．

(1)$\log_{2.6}2.4$ 与$\log_{2.6}3.3$；(2)$\log_{0.6}0.3$ 与$\log_{0.6}1.8$.

分析　可以考查函数 $y=\log_{2.6}x$，$y=\log_{0.6}x$ 在 x 处的函数值，利用函数的单调性比较函数值的大小．

解　(1)因为 $y=\log_{2.6}x$ 是$(0,+\infty)$上的增函数，且 $2.4<3.3$，

所以$\log_{2.6}2.4<\log_{2.6}3.3$.

(2)因为 $y=\log_{0.6}x$ 是$(0,+\infty)$上的减函数，且 $0.3<1.8$，

所以$\log_{0.6}0.3>\log_{0.6}1.8$.

例 2　若$\log_a\dfrac{3}{4}<1(a>1)$，求 a 的取值范围．

分析　利用对数的性质求解．

解 因为$\log_a \frac{3}{4}<1(a>1)$，所以$\log_a \frac{3}{4}<\log_a a$.

又因为 $y=\log_a x(a>1)$在$(0，+\infty)$上是增函数，

所以$\frac{3}{4}<a$，

所以 a 的取值范围是$(1，+\infty)$.

同步训练 4.4.2

改错与反思

水平一

一、选择题

1. 函数 $y=\log_4 x$ 一定经过点(　　).

A. $(1，0)$　　B. $(1，2)$

C. $(0，1)$　　D. $(2，1)$

2. 函数 $y=\log_3 x$ 的值域为(　　).

A. $\mathbf{R}$　　B. $(0，+\infty)$

C. $(-\infty，0)$　　D. $(3，+\infty)$

3. 函数 $y=\log_{0.5} x$ 的图像大致是(　　).

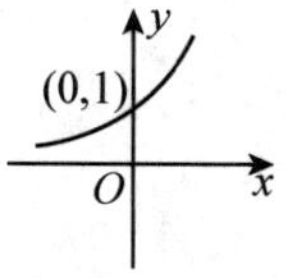

A.

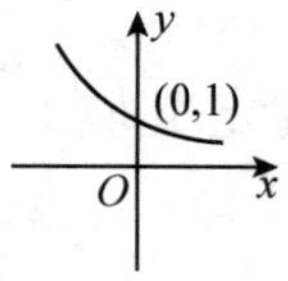

B.

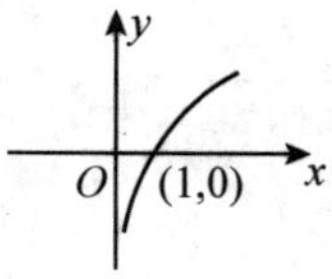

C.

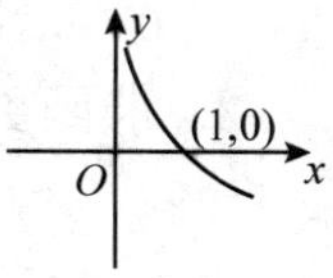

D.

二、填空题

1. 函数 $f(x)=\ln(4-x^2)$的定义域是________.

2. 比较大小：(1)$\log_{0.3}11$ ________ $\log_{0.3}15$；

(2)$\log_9 5.1$ ________ $\log_9 6.1$.

3. 若$\log_m 7>\log_m 9$，则 m 的取值范围是________.

三、解答题

1. 已知函数 $f(x)=\log_3 x$，若 $f(2m-1)<f(m+3)$，求 m 的取值范围.

2. 求函数 $f(x)=\log_2(3x-6)+\dfrac{1}{x-5}$ 的定义域．

水平二

1. 若 $\log_a \dfrac{1}{2}<1(0<a<1)$，求 a 的取值范围．

2. 求函数 $y=\sqrt{x+1}+\log_6(1-3x)$ 的定义域．

3. 已知函数 $f(x)=\log_4(x^2-3x)$，当 x 为何值时，$f(x)\geqslant 1$？

数学窗

地震等级中的对数

地震级数是里氏地震规模地震强度大小的一种度量，根据地震释放能量多少来划分．国际上一般采用美国地震学家里兹特和古腾堡于 1935 年共同提出的震级划分法，即通常所说的里氏地震规模．里氏规模是地震波最大振幅以 10 为底的对数，并选择距震中 100 km 的距离为标准．

“里氏震级”反映的是地震释放出来能量的大小，按几何级数递加，震级每相差 1 级，能量相差约 31.6 倍，震级每相差 2 级，能量相差约 1 000 倍(近似 32×32 倍)，其中 1 级地震释放能量为 2.0×10^{6} J，2 级地震释放能量为 6.3×10^{7} J，3 级地震释放能量为 2.0×10^{9} J，4 级地震释放能量为 6.3×10^{10} J……请同学们思考，中国地震局将 2008 年 5 月 12 日汶川地震震级最终修订为 8.0 级，其释放多少能量?

节选自：金义明．神奇的数学一．杭州：浙江工商大学出版社，2018．引用时有修改．

4.5　指数函数与对数函数的实际应用

笔　记

知识要点

1. 指数型函数的定义：一般地，形如 $y=ka^x(a>0$，且 $a\neq1$，$k\neq0)$ 的函数．

(1)当 a ________ 1 时，叫作指数增长模型；

(2)当 $0<a<1$ 时，叫作指数衰减模型．

2. 用对数函数模型解答实际应用问题的主要步骤：(1)阅读理解；(2)建立目标函数；(3)按要求解决数学问题．

此数学模型可以解决与指数函数或对数函数有关的简单实际问题．

运用举例

例 1　若光线通过一块玻璃，强度损失 10%，设光线的强度为 $k(k>0)$，通过 x 块这样的玻璃后的光线强度为 y.

(1)求 y 与 x 的关系式；

(2)求光线通过 5 块玻璃后的强度是通过 2 块玻璃后强度的百分率．(精确到 0.1%)

解：(1)因为光线的强度为 $k(k>0)$，光线通过 1 块玻璃，强度损失为 10%，

所以光线通过 1 块玻璃，强度为 $k\times(1-10\%)=k\times0.9$，

光线通过 2 块玻璃，强度为 $k\times0.9-k\times0.9\times10\%=k\times0.9^2$，

光线通过 3 块玻璃，强度为 $k\times0.9^2-k\times0.9^2\times10\%=k\times0.9^3$，

……

光线通过 x 块玻璃，强度为 $y=k\times0.9^x$.

(2)由(1)得，

光线通过 2 块玻璃，强度为 $k\times0.9^2$，

光线通过 5 块玻璃，强度为 $k\times0.9^5$，

所以 $\dfrac{k\times0.9^5}{k\times0.9^2}\times100\%=72.9\%$.

答：光线通过 5 块玻璃后的强度是通过 2 块玻璃后强度的 72.9%.

同步训练 4.5

改错与反思

水平一

一、选择题

1. 某设备的出厂价为 30 万元，按每年 5%的折旧率折旧，5 年后该设备的价值为(　　)万元.

A. 30×0.05^5　　B. 30×5^5

C. $30\times(1+5\%)^5$　　D. $30\times(1-5\%)^5$

2. 某城市 2020 年年底有人口 200 万，根据近 20 年的统计资料显示，这个城市人口的年自然增长率为 1.1%，按照这个增长率计算，到 2035 年年底这个城市的人口预计有(　　)万.

A. 200×0.011^{15}　　B. 200×1.1^{15}

C. $200\times(1+1.1\%)^{15}$　　D. $200\times(1-1.1\%)^{15}$

二、填空题

1. 某厂购买了一套价值 100 万元的新设备，按每年 10%的折旧率折旧，如果经过 x 年后价值为原来的一半，则 $x=$________.(用代数式表示)

2. 某国某种动物现有 40 万只，根据最近 15 年的统计资料显示，这种动物的年自然增长率为 0.5%，按照这个增长率，如果 x 年后这种动物的数量会翻一番，则 $x=$________.(用代数式表示)

三、解答题

1. 我国某城市 2020 年地区生产总值为 a 亿元，今后每年平均增长 8%，按照这个增长率计算，多少年后该城市的地区生产总值是今年的两倍?(用代数式表示)

2. 某种易挥发液体的质量为 100 kg，每小时质量会减少 2%，试计算经过多少小时后，该液体的质量是原来的一半？(用代数式表示)

水平二

小李 2020 年 1 月 1 日存入银行 1 000 元人民币，整存整取一年期的年利率为 1.75%，他按一年期存入.

(1)2021 年到期日取出，连本带息共有多少元？

(2)2021 年到期日后，他又连本带息转存，2022 年到期日后取出，那么连本带息共有多少元？

(3)如果小李选择到期日后自动转存业务，经过 x 年后，连本带息共有 y 元. 请写出 y 与 x 的函数关系.

第五单元 · 三角函数

5.1　角的概念推广

5.1.1　角的概念推广

知识要点

笔　记

1. 角的概念：一条射线绕其端点旋转形成的图形叫作角．射线的端点叫作角的顶点，射线旋转的开始位置叫作角的始边，终止的位置叫作角的终边．

2. 正角、负角、零角：按________方向旋转形成的角叫作正角；按________方向旋转形成的角叫作负角；没有做任何旋转的角为零角．由于射线可按照不同方向旋转任意圈数，所成角就可以是任意大小，这样角的概念就推广到了任意角．

3. 象限角：将角的顶点与原点重合，角的始边与 x 轴的非负半轴重合，角的终边在第几象限，这个角就是第几象限角．如果角的终边在坐标轴上，那么就认为这个角不属于任何一个象限．

运用举例

例　下列说法正确的是(　　).

A. 第二象限角一定是钝角

B. 平角是第二象限角或第三象限角

C. 小于 $90°$ 的角一定是锐角

D. 钝角一定是第二象限角

分析　角的概念推广后，需要特别注意辨别“第二象限角”与“钝角”之间的关系．在判断过程中通常可用“举反例”的方法来进行判断．A 选项中，可举一个不是钝角而是第二象限角的例子来将其推翻，如$-210°$角，所以 A 选项不成立．B 选项中，平角恰为 $180°$角，其终边正好与 x 轴负半轴重合，它既不是第二象限角，也不是第三象限角，所以 B 选项不成立．C 选项中，以负角为反例，$-30°<90°$，但$-30°$却不是锐角，所以 C 选项不成立．故 D 选项正确．

解　D.

同步训练 5.1.1

改错与反思

水平一

一、选择题

1. $-150°$角是第(　　)象限角．

A. 一　　B. 二　　C. 三　　D. 四

2. $400°$角是第(　　)象限角．

A. 一　　B. 二　　C. 三　　D. 四

3. 若将分针拨快 10 min，则分针所转过的角度为(　　)．

A. $30°$　　B. $60°$　　C. $-30°$　　D. $-60°$

4. 已知角 α 是第二象限角，则角$-\alpha$ 是第(　　)象限角．

A. 一　　B. 二　　C. 三　　D. 四

二、填空题

1. 分针每分钟转________度，时针每小时转________度．

2. $580°$角是第________象限角，$-805°$角是第________象限角．

三、解答题

在平面直角坐标系中，分别画出下列各角，并指出它们各是第几象限角．

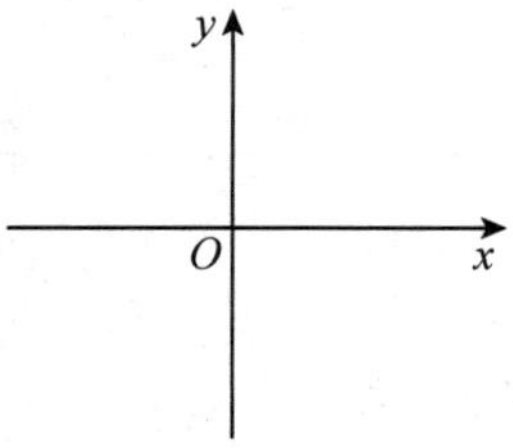

(1)$-135°$；

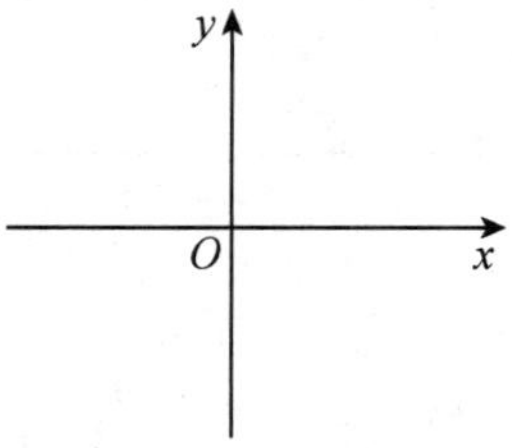

(2)$240°$；

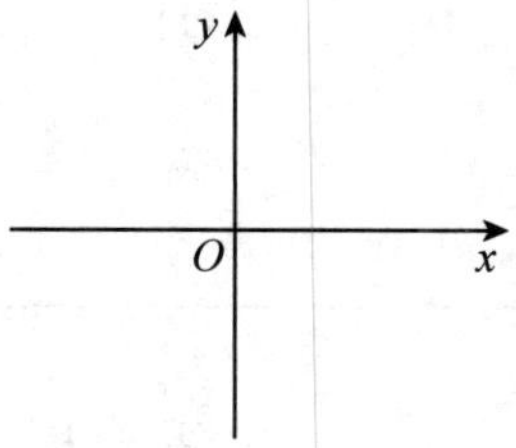

(3)405°；

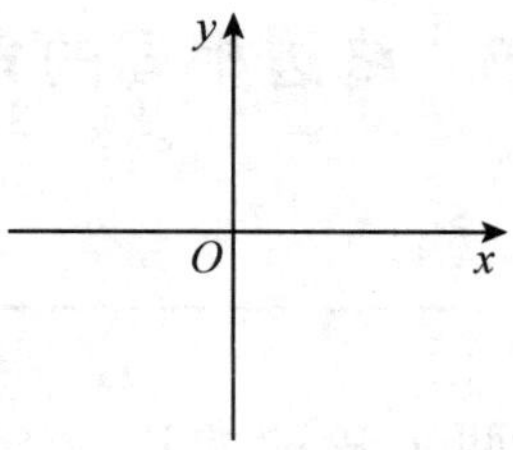

(4)－390°.

水平二

1. 举例说明第三象限角是否一定大于第二象限角 .

2. 设 α 为第三象限角，指出 $\frac{\alpha}{2}$ 是第几象限角 .

3. 已知 $A(3，4)$，点 A 关于 y 轴的对称点 B 恰好在 α 的终边上，则 α 应是第几象限角？

5.1.2　终边相同的角

笔　记

知识要点

1. 终边相同的角的概念：两个角的始边重合，________也重合时，称两个角为终边相同的角．

2. 所有与 α 终边相同的角，连同 α 在内，可以组成一个集合 $S=$________，即任一与 α 终边相同的角都可以表示成 α 与整数个周角的和．

运用举例

例 1　在 $0°\sim360°$，找出与下列各角终边相同的角，并分别判断它们各是第几象限角．

(1) $-523°$；　　(2) $465°$.

分析　根据终边相同的角的特点，判断角在哪个象限时，可采取“负变正，大变小”的原则．

解　(1)因为 $-523°=197°-2\times360°$，

所以 $-523°$ 角与 $197°$ 角终边相同，它是第三象限角．

(2)因为 $465°=105°+360°$，

所以 $465°$ 角与 $105°$ 角终边相同，它是第二象限角．

同步训练 5.1.2

改错与反思

水平一

一、选择题

1. $125°+k\cdot360°(k\in\mathbf{Z})$ 表示的角为(　　).

A. 第一象限角　　B. 第二象限角

C. 第三象限角　　D. 第四象限角

2. 与 $110°$ 角终边相同角的集合为(　　).

A. $\{\alpha \mid \alpha=110°+k\cdot360°\}$

B. $\{\alpha \mid \alpha=110°+k\cdot180°, k\in\mathbf{Z}\}$

C. $\{\alpha \mid \alpha=110°+k\cdot360°, k\in\mathbf{Z}\}$

D. $\{\alpha \mid \alpha=-110°+k\cdot360°, k\in\mathbf{Z}\}$

二、填空题

1. 与 $65°$ 角终边相同的角组成的集合为____________.

2. 与-30°角终边相同的角组成的集合为__________.

3. 终边在x轴负半轴上的角组成的集合为__________.

4. 若α为锐角，则$-\alpha+k\cdot 360^\circ(k\in \mathbf{Z})$是第________象限角.

三、解答题

写出与下列角终边相同的角的集合，并把在$0^\circ\sim 360^\circ$范围内的角写出来.

(1)60°；　　(2)-135°；　　(3)770°.

水平二

1. 写出与$-1\,150^\circ$角终边相同且绝对值最小的负角.

2. 如果$45^\circ<\alpha<90^\circ$，试判断2α的终边所在的象限.

3. 写出与下列角终边相同的角的集合，并把在$0^\circ\sim 720^\circ$范围内的角写出来.

(1)45°；　　(2)-62°；　　(3)813°.

5.2　弧度制

5.2.1 弧度制的定义

笔　记

知识要点

1. 弧度制：把长度等于________的圆弧所对的圆心角叫作 1 弧度的角，以弧度为单位来度量角的单位制叫作弧度制 .

2. 当 α 用弧度表示时，其绝对值等于弧长与半径的比值，即 $|\alpha|=$____________.

3. $1°=$________(弧度)≈0.017 45(弧度)，1(rad)=________(度)≈57.30°(度).

4. 正角的弧度数为正实数，负角的弧度数为负实数，零角的弧度数为 0. 了解弧度制角的大小与实数的联系 .

运用举例

例 1　按照下列要求，把 67°30′化为弧度 .

(1)精确值；　　(2)精确到 0.001.

分析　根据对转化值的不同精度要求，可用等量换算来计算精确值，可用近似换算来计算近似值，求近似值时需用计算器进行操作 .

解　(1)因为 $67°30'=\left(\frac{135}{2}\right)°$,

所以 $67°30'=\frac{135}{2}\times\frac{\pi}{180}=\frac{3}{8}\pi$.

(2)先将计算器精确度设置为 0.001，再将计算器设置为弧度计算模式，科学计算器 Ⅰ 按 SHIFT MODE SETUP 4，科学计算器 Ⅱ 按 MODE MODE 2 . 之后依次按下列各键：

结果显示：

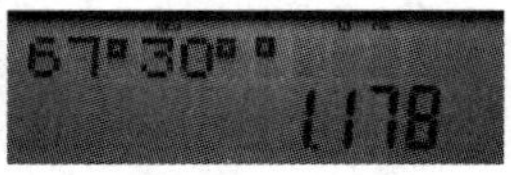

所以 67°30′≈1.178(rad).

同步训练 5.2.1

改错与反思

水平一

一、选择题

1. 锐角的集合可以表示为(　　).

A. $\left[0,\ \frac{\pi}{2}\right]$　　B. $\left(0,\ \frac{\pi}{2}\right)$　　C. $\left(0,\ \frac{\pi}{2}\right]$　　D. $\left[0,\ \frac{\pi}{2}\right)$

2. 角$\frac{11\pi}{6}$为(　　).

A. 第一象限角　　B. 第二象限角

C. 第三象限角　　D. 第四象限角

3. 用弧度制表示与60°终边相同角的集合为(　　).

A. $\{\beta \mid \beta=60°+k\cdot 360°\}$

B. $\{\beta \mid \beta=60°+k\cdot 2\pi,\ k\in\mathbf{Z}\}$

C. $\{\beta \mid \beta=\frac{\pi}{3}+k\cdot 2\pi,\ k\in\mathbf{Z}\}$

D. $\{\beta \mid \beta=\frac{\pi}{3}+k\cdot 360°,\ k\in\mathbf{Z}\}$

二、填空题

1. 把下列各角化为弧度.

$45°=$____________；　$105°=$____________.

2. 把下列各角化为角度.

$\frac{\pi}{6}=$____________；　$-4\pi=$____________.

3. 比较下列各对值的大小.(可用计算工具)

$1.25°$__________$1.25(\text{rad})$；$-4°$__________$-4(\text{rad})$.

三、解答题

按照下列要求，把112°30′化为弧度.

(1)精确值；　(2)精确到0.001.

水平二

1. 用弧度制表示终边在 x 轴上的角的集合.

2. 用弧度制表示终边在 y 轴上的角的集合.

3. 在$[-2\pi, 4\pi]$中，与$\frac{\pi}{4}$终边相同的角共有几个，并用弧度制将它们表示出来.

5.2.2　弧长公式、扇形的面积公式

知识要点

1. 弧长公式：圆心角 α 所对的弧长 l 等于圆心角 α 的弧度数与半径 r 的乘积，即 $l=$__________.

2. 扇形的面积公式：圆心角 α 对应的扇形面积 S 等于该圆半径 r 与弧长 l 乘积的一半，即 $S=$__________.

采用弧度制表示弧长公式和扇形的面积公式比角度制表示更为简洁．

笔　记

运用举例

例 1　利用弧度制证明下列关于扇形的公式．

(1)$l=\alpha r$；　(2)$S=\frac{1}{2}\alpha r^2$；　(3)$S=\frac{1}{2}rl$.

其中 r 是圆的半径，$\alpha(0<\alpha<2\pi)$是圆心角，l 是圆心角 α 所对的弧长，S 是扇形的面积．

分析　要证明扇形的相关公式，需从已知条件入手．题目中要求利用弧度制，可利用弧度的定义 $\alpha=\frac{l}{r}$与扇形的面积公式进行证明．

证明　(1)因为弧度的定义 $\alpha=\frac{l}{r}$，

所以 $l=\alpha r$.

(2)因为圆的半径为 r，圆心角 $\alpha=n°$，

所以$\frac{l}{2\pi r}=\frac{n}{360}$，即 $l=\frac{n\pi r}{180}$；

$\frac{S}{\pi r^2}=\frac{n}{360}$，即 $S=\frac{n\pi r^2}{360}$.

将 $n°$转换为弧度，得 $\alpha=\frac{n\pi}{180}$，

于是有 $S=\frac{1}{2}\alpha r^2$.

(3)将 $l=\alpha r$ 带入(2)式，于是有 $S=\frac{1}{2}rl$.

所以 $S=\frac{1}{2}rl$.

改错与反思

同步训练 5.2.2

水平一

一、选择题

1. 下列公式中，用弧度制表示弧长公式正确的为(　　).

A. $l=\frac{n\pi r}{180}$　　B. $l=\frac{n\pi r}{360}$　　C. $l=\alpha r$　　D. $l=\alpha r^2$

2. 下列公式中，用弧度制表示扇形的面积公式正确的为(　　).

A. $S=\frac{n\pi r^2}{360}$　　B. $S=\frac{1}{2}rl$　　C. $l=\frac{n\pi r}{360}$　　D. $S=\frac{1}{2}rl^2$

3. 若扇形的圆心角为$\frac{\pi}{4}$，半径为 2 cm，则此扇形的弧长为(　　)cm.

A. $\frac{\pi}{4}$　　B. $\frac{\pi}{8}$　　C. 1　　D. $\frac{\pi}{2}$

4. 若扇形的圆心角为$\frac{1}{2}$(rad)，半径为 4 cm，则此扇形的面积为(　　)cm^2.

A. 4　　B. $\frac{1}{4}$　　C. 2　　D. 8

二、填空题

1. 角度制下的弧长公式为____________.

2. 角度制下的扇形的面积公式为____________.

3. 要将长度为 30 cm 的钢丝弯成一个圆弧，使其对应的圆心角为 135°，则该圆弧所对应的圆的半径是____________cm.

三、解答题

若扇形的圆心角为$\frac{2\pi}{3}$，半径为 10 cm，求此扇形的弧长和面积.

水平二

1. 分别用角度制、弧度制下的弧长公式，计算半径为 1 m 的圆中 60° 的圆心角所对的弧长 .(精确到 0.01 m)

2. 车床上飞轮的直径为 1 m，每分钟旋转 300 转，求该飞轮圆周上的点每秒转过的弧长 .

3. 铁路转弯处成圆弧形，圆弧的半径为 2 km，一列火车以 40 km/h 的速度通过，求该火车 10 s 后转过的弧度 .

5.3　任意角的正弦函数、余弦函数和正切函数

笔　记

知识要点

1. 任意角的三角函数的定义：当 α 为任意角时，点 $P(x, y)$是角 α 终边上异于原点的任意一点，点 P 到原点的距离为 $r=\sqrt{x^2+y^2}>0$，那么角 α 的正弦、余弦、正切分别定义为：$\sin\alpha=$________，$\cos\alpha=$________，$\tan\alpha=$________.

2. 正弦函数、余弦函数和正切函数统称为三角函数．分别记为 $y=\sin x$，$x\in\mathbf{R}$；$y=\cos x$，$x\in\mathbf{R}$；$y=\tan x$，$x\neq\dfrac{\pi}{2}+k\pi(k\in\mathbf{Z})$.

3. 各象限角的三角函数的正负号：正弦函数________象限为正；余弦函数________象限为正；正切函数________象限为正．

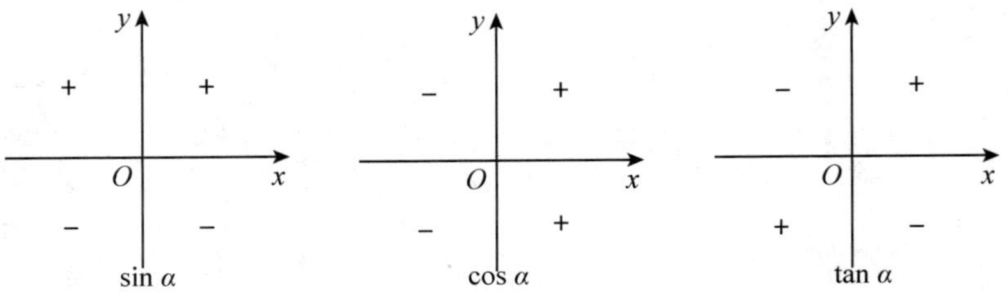

图 5-1

4. 特殊角的正弦值、余弦值和正切值，如表所示．

α	0°	30°	45°	60°	90°	180°	270°	360°
α 的弧度数	0	$\dfrac{\pi}{6}$	$\dfrac{\pi}{4}$	$\dfrac{\pi}{3}$	$\dfrac{\pi}{2}$	π	$\dfrac{3\pi}{2}$	2π
$\sin\alpha$	0	$\dfrac{1}{2}$	$\dfrac{\sqrt{2}}{2}$	$\dfrac{\sqrt{3}}{2}$	1	0	-1	0
$\cos\alpha$	1	$\dfrac{\sqrt{3}}{2}$	$\dfrac{\sqrt{2}}{2}$	$\dfrac{1}{2}$	0	-1	0	1
$\tan\alpha$	0	$\dfrac{\sqrt{3}}{3}$	1	$\sqrt{3}$	不存在	0	不存在	0

运用举例

例　已知 α 的终边经过点 $P(-\sqrt{3}, 1)$，求 $\sin\alpha$，$\cos\alpha$，$\tan\alpha$ 的值．

分析　利用三角函数的定义求三角函数值，需知道 x，y 和 r 的值．x，

y 分别是 α 的终边上点的横坐标与纵坐标，r 是点 P 到原点的距离，根据 $r=\sqrt{x^2+y^2}$，即可求出 r. 根据三角函数的定义式即可求出所对应的值.

解 由题意可得，$x=-\sqrt{3}$，$y=1$，则 $r=\sqrt{(-\sqrt{3})^2+1^2}=2$.

于是 $\sin\alpha=\dfrac{y}{r}=\dfrac{1}{2}$，

$\cos\alpha=\dfrac{x}{r}=\dfrac{-\sqrt{3}}{2}=-\dfrac{\sqrt{3}}{2}$，

$\tan\alpha=\dfrac{y}{x}=\dfrac{1}{-\sqrt{3}}=-\dfrac{\sqrt{3}}{3}$.

同步训练 5.3

改错与反思

水平一

一、选择题

1. 若 α 的终边过点 $P(\sqrt{5}，-2)$，则 $\sin\alpha=$(　　).

A. $-\dfrac{2}{3}$　　B. $\dfrac{2}{3}$　　C. $-\dfrac{\sqrt{5}}{3}$　　D. $\dfrac{\sqrt{5}}{3}$

2. 若 $\sin\alpha<0$，且 $\cos\alpha<0$，则 α 的终边在第(　　)象限.

A. 一　　B. 二　　C. 三　　D. 四

3. 若 α 的顶点在原点，始边与 x 轴的正半轴重合，终边上点 P 的坐标为$(-1，5)$，则 $\cos\alpha=$(　　).

A. $\pm\dfrac{\sqrt{26}}{26}$　　B. $-\dfrac{\sqrt{26}}{26}$　　C. $\dfrac{\sqrt{26}}{26}$　　D. $-\dfrac{1}{5}$

4. 若 α 的终边经过点 $P(-3，-1)$，则(　　).

A. $\sin\alpha\cdot\tan\alpha>0$　　B. $\cos\alpha\cdot\tan\alpha>0$

C. $\sin\alpha\cdot\cos\alpha<0$　　D. $\sin\alpha\cdot\cos\alpha>0$

5. $4\cos0°-5\sin0°+8\cos90°-2\sin90°=$(　　).

A. 2　　B. 3　　C. 5　　D. 8

二、填空题

1. 用“$<$”或“$>$”填空.

(1)$\cos130°$______0；　　(2)$\sin745°$______0；

(3)$\tan\left(-\dfrac{3\pi}{7}\right)$______0；　　(4)$\cos\dfrac{2\pi}{3}$______0.

2. 计算：$\sin 0°+\cos 0°+\tan 0°=$ __________.

3. 正切函数记为 $y=\tan x$，$x\neq$ ________ $(k\in \mathbf{Z})$.

三、解答题

1. 计算：$\sin^2\dfrac{\pi}{4}+\cos\dfrac{\pi}{3}-\sqrt{3}\tan\dfrac{\pi}{3}+4\cos\dfrac{\pi}{2}$.

2. 已知 α 的终边经过点 $P(-4,3)$，求 $2\sin\alpha+\cos\alpha$ 的值.

水平二

1. 已知 α 为第三象限角，点 $P(-8,k)$ 在 α 的终边上，且 $|OP|=10$，求 $\cos\alpha$，$\tan\alpha$ 的值.

2. 若点 $P(12,m)$ 是 α 的终边上一点，且 $\tan\alpha=\dfrac{3}{4}$，求 $\sin\alpha$，$\cos\alpha$ 的值.

3. 若 $\sin\alpha\cdot\cos\alpha>0$，且 $\tan\alpha\cdot\sin\alpha<0$，求 α 所在的象限.

数学窗

三角函数符号的由来

sine(正弦)一词始于阿拉伯人雷基奥蒙坦. 他是 15 世纪西欧数学界的领导人物. 他于 1464 年完成的著作《论各种三角形》，1533 年开始发行，这是一本纯三角学的书，使三角学脱离天文学，独立成为一门数学分科.

cosine(余弦)及 cotangent(余切)为英国人根日尔首先使用，最早在 1620 年伦敦出版的他所著的《炮兵测量学》中出现.

secant(正割)及 tangent(正切)为丹麦数学家托马斯·芬克首创，最早见于他的《圆几何学》一书中.

cosecant(余割)一词为锐梯卡斯所创. 最早见于他 1596 年出版的《宫廷乐章》一书.

1626 年，阿贝尔特·格洛德最早推出简写的三角符号："sin""tan""sec". 1675 年，英国人奥屈特最早推出余下的简写三角符号："cos""cot""csc". 但直到 1748 年，经过数学家欧拉的引用后，才逐渐通用起来.

节选自：桂万春. 数理化公式定理的由来. 合肥：安徽美术出版社，2012. 引用时有修改.

5.4　同角三角函数的基本关系

知识要点

笔　记

1. 单位圆：以原点为圆心，1 为半径的圆叫作单位圆．角的终边与单位圆的交点坐标为__________.

2. 同角三角函数的基本关系：

平方关系：$\sin^2\alpha+\cos^2\alpha=$__________.

商数关系：$\tan\alpha=$__________.

同角三角函数的基本关系必须以“同角”为条件，不同角则不具备这样的关系．

3. 利用公式 $\sin^2\alpha+\cos^2\alpha=1$ 求三角函数值时，需对式子开平方，就要对所求的三角函数值的正负号进行“分类讨论”.

运用举例

例 1　已知 $\sin\alpha=-\dfrac{3}{5}$，求 $\cos\alpha$，$\tan\alpha$ 的值．

分析　题目中未告知 α 所在的象限，就需要根据三角函数值的符号进行分类讨论，得出 α 可能在的象限，再分别对每一种情况进行分析讨论．

解　因为 $\sin\alpha<0$，$\sin\alpha=-\dfrac{3}{5}\neq-1$，所以 α 是第三或第四象限角．

当 α 是第三象限角时，有 $\cos\alpha<0$，则

$$\cos\alpha=-\sqrt{1-\sin^2\alpha}=-\sqrt{1-\left(-\frac{3}{5}\right)^2}=-\frac{4}{5},$$

$$\tan\alpha=\frac{\sin\alpha}{\cos\alpha}=\frac{-\frac{3}{5}}{-\frac{4}{5}}=\frac{3}{4}.$$

当 α 是第四象限角时，有 $\cos\alpha>0$，则

$$\cos\alpha=\sqrt{1-\sin^2\alpha}=\sqrt{1-\left(-\frac{3}{5}\right)^2}=\frac{4}{5},$$

$$\tan\alpha=\frac{\sin\alpha}{\cos\alpha}=\frac{-\frac{3}{5}}{\frac{4}{5}}=-\frac{3}{4}.$$

例 2　已知 $\tan\alpha=2$，求 $\dfrac{\sin\alpha+3\cos\alpha}{4\cos\alpha-\sin\alpha}$ 的值．

分析　题目中所求式子含有不同的三角函数，在求值中需要对式子进行化简．第一种思路是利用 $\tan\alpha=\dfrac{\sin\alpha}{\cos\alpha}$，将所求式子用正切来表示，从而将已知的正切值代入求值，这种思路叫“弦化切”．第二种思路是利用 $\tan\alpha=\dfrac{\sin\alpha}{\cos\alpha}$ 将已知的正切化为正余弦的比值，从而用余弦来表示正弦，使得分式中的分子与分母含有同一个三角函数，再利用分式的基本性质求值，这种思路叫“切化弦”．

解　方法一：

$$\frac{\sin\alpha+3\cos\alpha}{4\cos\alpha-\sin\alpha}=\frac{\dfrac{\sin\alpha}{\cos\alpha}+\dfrac{3\cos\alpha}{\cos\alpha}}{\dfrac{4\cos\alpha}{\cos\alpha}-\dfrac{\sin\alpha}{\cos\alpha}}=\frac{\tan\alpha+3}{4-\tan\alpha}=\frac{2+3}{4-2}=\frac{5}{2}.$$

方法二：由 $\tan\alpha=\dfrac{\sin\alpha}{\cos\alpha}=2$，得 $\sin\alpha=2\cos\alpha$.

所以 $\dfrac{\sin\alpha+3\cos\alpha}{4\cos\alpha-\sin\alpha}=\dfrac{2\cos\alpha+3\cos\alpha}{4\cos\alpha-2\cos\alpha}=\dfrac{5\cos\alpha}{2\cos\alpha}=\dfrac{5}{2}$.

同步训练 5.4

改错与反思

水平一

一、选择题

1. 已知 $\sin\alpha=\dfrac{4}{5}$，且 α 是第二象限角，则 $\cos\alpha=$(　　).

A. $-\dfrac{4}{5}$　　B. $-\dfrac{3}{4}$　　C. $\dfrac{3}{5}$　　D. $-\dfrac{3}{5}$

2. 已知 $\sin\alpha=-5\cos\alpha$，则 α 的终边在第(　　)象限．

A. 一或四　　B. 二或三

C. 二或四　　D. 一或三

3. $\sin^2 22^\circ+\cos^2 22^\circ=$(　　).

A. 0　　B. 1　　C. 4　　D. 22

4. 已知 $\tan\alpha=3$，则 $\dfrac{\sin\alpha+3\cos\alpha}{\sin\alpha-\cos\alpha}=$(　　).

A. 0　　B. 1　　C. 2　　D. 3

5. 已知 α 是第四象限角，则 $\sin\alpha$ 可用 $\cos\alpha$ 表示为（　　）.

A. $\sin\alpha=\sqrt{1-\cos^2\alpha}$　　B. $\sin\alpha=-\sqrt{1-\cos^2\alpha}$

C. $\sin\alpha=\pm\sqrt{1-\cos^2\alpha}$　　D. $\sin\alpha=-1+\cos^2\alpha$

二、填空题

1. $\sin^2\frac{\pi}{9}+\cos^2\frac{\pi}{9}=$__________；$\sin^2 47°+$__________$=1$.

2. 已知 $\cos\alpha=-\frac{\sqrt{3}}{2}$，且 $\alpha\in\left(\pi,\ \frac{3\pi}{2}\right)$，则 $\sin\alpha=$__________，$\tan\alpha=$__________.

3. $\sin^2 11°-\tan 45°+2\cos 30°+\cos^2 11°=$__________.

三、解答题

1. 已知 $\cos\alpha=\frac{1}{2}$，且 $\alpha\in\left(\frac{3\pi}{2},\ 2\pi\right)$，求 $\sin\alpha$，$\tan\alpha$ 的值.

2. 已知 $\tan\alpha=2$，且 $\alpha\in\left(0,\ \frac{\pi}{2}\right)$，求 $\sin\alpha$，$\cos\alpha$ 的值.

水平二

1. 若 $\sin\alpha+\cos\alpha=\frac{1}{2}$，求 $\sin\alpha\cdot\cos\alpha$ 的值．

2. 已知 $\tan\alpha=-3$，求 $3\sin^2\alpha+4\cos^2\alpha$ 的值．

3. 化简：$\sin\alpha\cdot\cos\alpha\left(\tan\alpha+\frac{1}{\tan\alpha}\right)$.

笔　记

5.5　诱导公式

5.5.1　诱导公式(一)

知识要点

1. 终边相同角的集合：与 α 终边相同的角，连同 α 在内可用集合表示为____________.

2. 终边相同角的诱导公式：角 $\alpha+2k\pi(k\in\mathbf{Z})$ 与角 α 的终边相同，则

$\sin(\alpha+2k\pi)=\sin\alpha(k\in\mathbf{Z})$；

$\cos(\alpha+2k\pi)=\cos\alpha(k\in\mathbf{Z})$；

$\tan(\alpha+2k\pi)=\tan\alpha(k\in\mathbf{Z})$.

终边相同角的同名三角函数值__________. 利用终边相同角的诱导公式，可把任意角的三角函数转化为 $[0,2\pi)$ 范围内角的三角函数.

运用举例

例 1　求下列各函数值.

(1) $\sin 390°$；(2) $\cos 420°$；(3) $\tan\left(-\dfrac{15\pi}{4}\right)$；(4) $\cos 4\pi$.

分析　找出与所求角终边相同的锐角即可.

解　(1) $\sin 390°=\sin(30°+360°)=\sin 30°=\dfrac{1}{2}$.

(2) $\cos 420°=\cos(60°+360°)=\cos 60°=\dfrac{1}{2}$.

(3) $\tan\left(-\dfrac{15\pi}{4}\right)=\tan\left(\dfrac{\pi}{4}-2\times 2\pi\right)=\tan\dfrac{\pi}{4}=1$.

(4) $\cos 4\pi=\cos(0+2\times 2\pi)=\cos 0=1$.

同步训练 5.5.1

改错与反思

水平一

一、选择题

1. $\sin 780°=($　　$)$.

A. $\dfrac{1}{2}$　　B. $-\dfrac{1}{2}$　　C. $\dfrac{\sqrt{3}}{2}$　　D. $-\dfrac{\sqrt{3}}{2}$

2. $\cos\left(-\frac{23\pi}{6}\right)=$（　　）.

A. $\frac{1}{2}$　　B. $-\frac{1}{2}$　　C. $\frac{\sqrt{3}}{2}$　　D. $-\frac{\sqrt{3}}{2}$

3. $\tan\frac{9\pi}{4}=$（　　）.

A. $\frac{\sqrt{2}}{2}$　　B. $-\frac{\sqrt{2}}{2}$　　C. 1　　D. -1

4. $\sin(-690^\circ)=$（　　）.

A. $\frac{1}{2}$　　B. $-\frac{1}{2}$　　C. $\frac{\sqrt{3}}{2}$　　D. $-\frac{\sqrt{3}}{2}$

二、填空题

1. $\sin(-300^\circ)+\tan 45^\circ=$__________.

2. 若 $\cos(\alpha+2\pi)=-\frac{2}{3}$，则 $\cos\alpha=$__________.

三、解答题

1. 计算：$\sin\left(-\frac{5\pi}{3}\right)-\cos\frac{\pi}{6}$.

2. 化简：$\frac{\sin\alpha}{\tan(\alpha-4\pi)}$.

水平二

已知 $\sin(2\pi+\alpha)=\frac{2}{3}$，求$\frac{\sin(-2\pi+\alpha)\cdot\cos(\alpha+4\pi)\cdot\tan(-2\pi+\alpha)}{\tan(6\pi+\alpha)\cdot\cos(-2\pi+\alpha)}$的值.

5.5.2　诱导公式(二)

知识要点

笔　记

1. 关于原点对称的点：在平面直角坐标系中，点 $P(x, y)$关于原点对称的点 P'的坐标为________.

2. 终边关于原点对称角的诱导公式：角 $\pi+\alpha$ 与角 α 的终边关于__________对称，则

$\sin(\pi+\alpha)=-\sin\alpha$；

$\cos(\pi+\alpha)=-\cos\alpha$；

$\tan(\pi+\alpha)=\tan\alpha$.

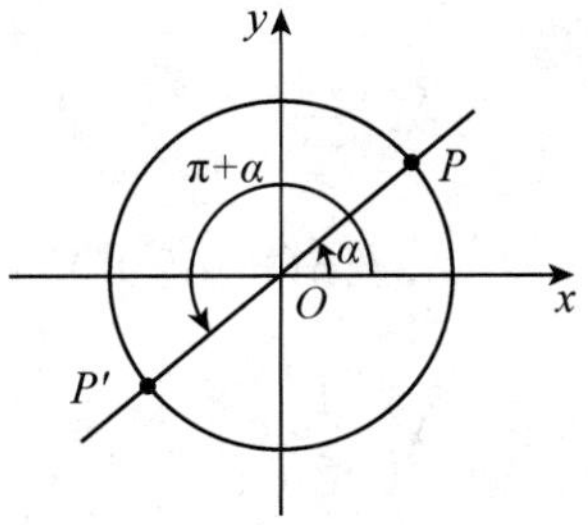

图 5-2

若将 α 看成锐角，$\pi+\alpha$ 的终边恰好落在第三象限，其函数值的符号与第三象限角的同名三角函数值的符号一致.

运用举例

例 1　求下列各三角函数值.

(1) $\sin\dfrac{4\pi}{3}$；　　(2) $\cos\left(-\dfrac{5\pi}{6}\right)$；

(3) $\tan\dfrac{13\pi}{4}$；　　(4) $\tan(-510°)$.

分析　通过所学的诱导公式，先化为$[0, 2\pi)$内角的三角函数，再化为锐角三角函数.

解　(1) $\sin\dfrac{4\pi}{3}=\sin(\pi+\dfrac{\pi}{3})=-\sin\dfrac{\pi}{3}=-\dfrac{\sqrt{3}}{2}$.

(2) $\cos\left(-\dfrac{5\pi}{6}\right)=\cos\left(-\dfrac{5\pi}{6}+2\pi\right)=\cos\dfrac{7\pi}{6}=\cos\left(\pi+\dfrac{\pi}{6}\right)$

$=-\cos\dfrac{\pi}{6}=-\dfrac{\sqrt{3}}{2}$.

(3) $\tan\dfrac{13\pi}{4}=\tan\left(\dfrac{5\pi}{4}+2\pi\right)=\tan\dfrac{5\pi}{4}=\tan\left(\pi+\dfrac{\pi}{4}\right)=\tan\dfrac{\pi}{4}=1$.

(4) $\tan(-510°)=\tan(210°-720°)=\tan 210°=\tan(180°+30°)$

$=\tan 30°=\dfrac{\sqrt{3}}{3}$.

同步训练 5.5.2

改错与反思

水平一

一、选择题

1. $\sin 570° =$ (　　).

A. $\frac{1}{2}$　　B. $-\frac{1}{2}$　　C. $\frac{\sqrt{3}}{2}$　　D. $-\frac{\sqrt{3}}{2}$

2. $\cos \frac{5\pi}{4} =$ (　　).

A. $\frac{\sqrt{2}}{2}$　　B. $-\frac{\sqrt{2}}{2}$　　C. 1　　D. -1

3. $\tan \frac{10\pi}{3} =$ (　　).

A. $\frac{\sqrt{3}}{3}$　　B. $-\frac{\sqrt{3}}{3}$　　C. $\sqrt{3}$　　D. $-\sqrt{3}$

4. $\tan 225° =$ (　　).

A. 1　　B. -1　　C. $\frac{\sqrt{2}}{2}$　　D. $-\frac{\sqrt{2}}{2}$

二、填空题

1. 若 $\cos(\pi+\alpha) = -\frac{2}{5}$，则 $\cos \alpha =$ ________.

2. 若 $\tan \alpha = \frac{2}{9}$，则 $\tan(\pi+\alpha) =$ ________.

三、解答题

1. $\sin \frac{7\pi}{6} + \cos \frac{\pi}{3}$.

2. 已知 α 为第一象限角，且 $\sin\alpha=\frac{5}{13}$，求 $\cos(\pi+\alpha)$ 的值．

水平二

1. 设 α 是第一象限角，且 $\cos\alpha=\frac{4}{5}$，求 $\frac{2\sin(\alpha-2\pi)-3\cos(10\pi+\alpha)}{4\sin(\alpha-3\pi)-8\cos(\alpha+3\pi)}$ 的值．

2. 已知 $\cos(\pi+\alpha)=\frac{3}{5}$，且 α 是第二象限角，求 $\frac{2\sin(\pi+\alpha)-\cos(\alpha-2\pi)}{\cos(4\pi+\alpha)\cdot\tan(\pi+\alpha)}$ 的值．

5.5.3 诱导公式(三)

知识要点

笔 记

1. 关于 x 轴对称的点：在平面直角坐标系中，点 $P(x, y)$关于 x 轴对称的点 P'的坐标为________.

2. 终边关于 x 轴对称角的诱导公式：角 $-\alpha$ 与 α 的终边关于____________对称，则

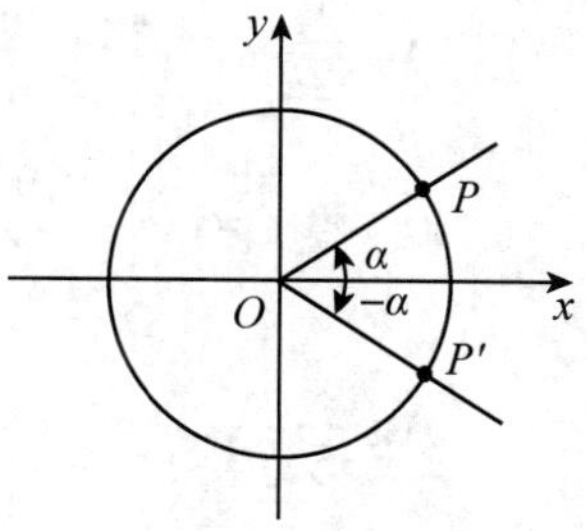

图 5-3

$\sin(-\alpha)=-\sin\alpha$；

$\cos(-\alpha)=\cos\alpha$；

$\tan(-\alpha)=-\tan\alpha$.

利用终边关于 x 轴对称角的诱导公式，可把负角的三角函数转化为正角的三角函数.

运用举例

例 1 求下列各三角函数值.

(1)$\sin\left(-\frac{\pi}{3}\right)$；(2)$\cos\frac{11\pi}{6}$；(3)$\tan\ 330°$；(4)$\cos(-405°)$.

分析 灵活应用所学诱导公式化为锐角三角函数，注意符号的变化.

解 (1)$\sin\left(-\frac{\pi}{3}\right)=-\sin\frac{\pi}{3}=-\frac{\sqrt{3}}{2}$.

(2)$\cos\frac{11\pi}{6}=\cos\left(-\frac{\pi}{6}+2\pi\right)=\cos\left(-\frac{\pi}{6}\right)=\cos\frac{\pi}{6}=\frac{\sqrt{3}}{2}$.

(3)$\tan 330°=\tan(-30°+360°)=\tan(-30°)=-\tan 30°=-\frac{\sqrt{3}}{3}$.

(4)$\cos(-405°)=\cos 405°=\cos(45°+360°)=\cos 45°=\frac{\sqrt{2}}{2}$.

同步训练 5.5.3

改错与反思

水平一

一、选择题

1. $\sin\frac{7\pi}{4}=($　　$)$.

A. $\frac{\sqrt{2}}{2}$　　B. $-\frac{\sqrt{2}}{2}$　　C. 1　　D. -1

2. $\cos\left(-\frac{10\pi}{3}\right)=(\quad)$.

A. $\frac{1}{2}$　　B. $-\frac{1}{2}$　　C. $\frac{\sqrt{3}}{2}$　　D. $-\frac{\sqrt{3}}{2}$

3. $\tan(-225°)=(\quad)$.

A. $\frac{1}{2}$　　B. $-\frac{1}{2}$　　C. 1　　D. -1

4. 若 $\sin\alpha=\frac{3}{5}$，则 $\sin(2\pi-\alpha)=(\quad)$.

A. $\frac{4}{5}$　　B. $-\frac{4}{5}$　　C. $\frac{3}{5}$　　D. $-\frac{3}{5}$

二、填空题

1. 若 $\sin\alpha=\frac{2}{3}$，则 $\sin(-\alpha)=$__________.

2. 若 $\tan(-\alpha)=5$，则 $\tan\alpha=$__________.

三、解答题

1. 计算：$\cos\left(-\frac{\pi}{3}\right)+\sin\left(-\frac{\pi}{6}\right)$.

2. 化简：$\frac{\cos(-\alpha)\tan(-\alpha)}{\sin(-\alpha)}$.

水平二

若 $\cos\alpha=\frac{4}{5}$，且 α 是第四象限角，求 $\frac{\sin(\pi+\alpha)\cdot\cos(-\alpha)\cdot\tan(-\alpha)}{\sin(-\alpha)\cdot\cos(\pi+\alpha)}$ 的值.

5.5.4 诱导公式(四)

知识要点

1. 关于 y 轴对称的点：在平面直角坐标系中，点 $P(x, y)$ 关于 y 轴对称的点 P' 的坐标为________.

2. 终边关于 y 轴对称角的诱导公式：角 $\pi-\alpha$ 与角 α 的终边关于__________对称，则

$\sin(\pi-\alpha)=\sin\alpha$；

$\cos(\pi-\alpha)=-\cos\alpha$；

$\tan(\pi-\alpha)=-\tan\alpha$.

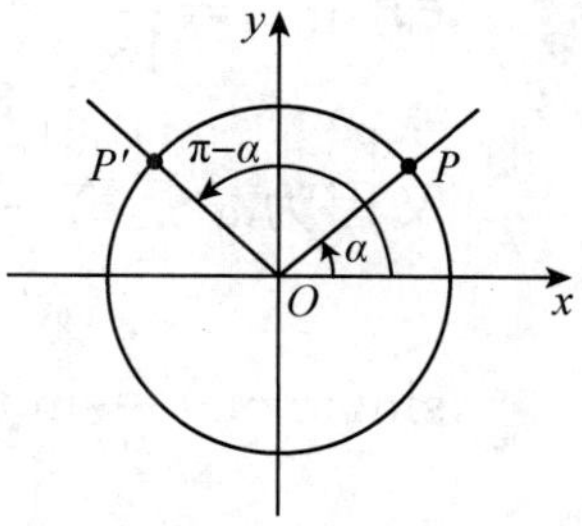

图 5-4

若将 α 看成锐角，$\pi-\alpha$ 的终边恰好落在第二象限，其函数值的符号与第二象限角的同名三角函数值的符号一致.

3. 诱导公式记忆口诀："函数名不变，符号看象限".

笔 记

运用举例

例 1 求下列各三角函数值.

(1) $\sin 120°$；(2) $\cos(-585°)$；(3) $\tan\dfrac{17\pi}{6}$；(4) $\sin\left(-\dfrac{16\pi}{3}\right)$.

分析 灵活应用所学诱导公式化为锐角三角函数，注意符号变化.

解 (1) $\sin 120°=\sin(180°-60°)=\sin 60°=\dfrac{\sqrt{3}}{2}$.

(2)解法一：

$$\cos(-585°)=\cos(135°-720°)=\cos 135°=\cos(180°-45°)=-\cos 45°=-\dfrac{\sqrt{2}}{2}.$$

解法二：

$$\cos(-585°)=\cos 585°=\cos(225°+360°)=\cos 225°=\cos(180°+45°)=-\cos 45°=-\dfrac{\sqrt{2}}{2}.$$

(3) $\tan\dfrac{17\pi}{6}=\tan\left(\dfrac{5\pi}{6}+2\pi\right)=\tan\dfrac{5\pi}{6}=\tan\left(\pi-\dfrac{\pi}{6}\right)=-\tan\dfrac{\pi}{6}=-\dfrac{\sqrt{3}}{3}$.

(4) $\sin\left(-\dfrac{16\pi}{3}\right)=\sin\left(\dfrac{2\pi}{3}-6\pi\right)=\sin\dfrac{2\pi}{3}=\sin\left(\pi-\dfrac{\pi}{3}\right)=\sin\dfrac{\pi}{3}=\dfrac{\sqrt{3}}{2}$.

例 2　已知 $\sin(-\alpha)=-\frac{5}{13}$，且 α 是第一象限角，求 $\sin(\pi-\alpha)$，$\cos(\pi-\alpha)$，$\tan(\pi-\alpha)$的值．

解　因为 $\sin(-\alpha)=-\sin\alpha=-\frac{5}{13}$，

即 $\sin\alpha=\frac{5}{13}$，

又因为 α 是第一象限角，所以 $\cos\alpha=\frac{12}{13}$，

$\sin(\pi-\alpha)=\sin\alpha=\frac{5}{13}$，

$\cos(\pi-\alpha)=-\cos\alpha=-\frac{12}{13}$，

$\tan(\pi-\alpha)=-\tan\alpha=-\frac{\sin\alpha}{\cos\alpha}=-\frac{5}{12}$.

同步训练 5.5.4

改错与反思

水平一

一、选择题

1. $\sin 495°=$(　　).

A. $\frac{1}{2}$　　B. $-\frac{1}{2}$　　C. $\frac{\sqrt{2}}{2}$　　D. $-\frac{\sqrt{2}}{2}$

2. $\cos\frac{5\pi}{6}=$(　　).

A. $\frac{1}{2}$　　B. $-\frac{1}{2}$　　C. $\frac{\sqrt{3}}{2}$　　D. $-\frac{\sqrt{3}}{2}$

3. $\tan 480°=$(　　).

A. 1　　B. -1　　C. $\sqrt{3}$　　D. $-\sqrt{3}$

4. $\sin\left(-\frac{10\pi}{3}\right)=$(　　).

A. $\frac{1}{2}$　　B. $-\frac{1}{2}$　　C. $\frac{\sqrt{3}}{2}$　　D. $-\frac{\sqrt{3}}{2}$

二、填空题

1. 若 $\cos(\pi-\alpha)=\frac{1}{7}$，则 $\cos\alpha=$__________.

2. 若 $\tan\alpha=-\dfrac{8}{3}$，则 $\tan(\pi-\alpha)=$__________.

三、解答题

1. 已知 α 为第一象限角，且 $\cos\alpha=\dfrac{12}{13}$，求 $\sin(\pi-\alpha)$的值．

2. 化简：$\dfrac{\cos(\pi-\alpha)\cdot\tan(\pi-\alpha)}{\sin(\pi-\alpha)}$.

水平二

1. 求值：$\cos1^\circ+\cos2^\circ+\cos3^\circ+\cdots+\cos179^\circ+\cos180^\circ$.

2. 求证：$\dfrac{\cos(\pi-\alpha)}{\sin(-\pi+\alpha)}+\dfrac{\cos(-\alpha)\cdot\tan(\pi-\alpha)}{\cos(\pi+\alpha)}=\dfrac{1}{\sin\alpha\cdot\cos\alpha}$.

5.6　正弦函数的图像和性质

知识要点

笔　记

1. 正弦函数 $y=\sin x$ 的图像如图 5-5 所示．

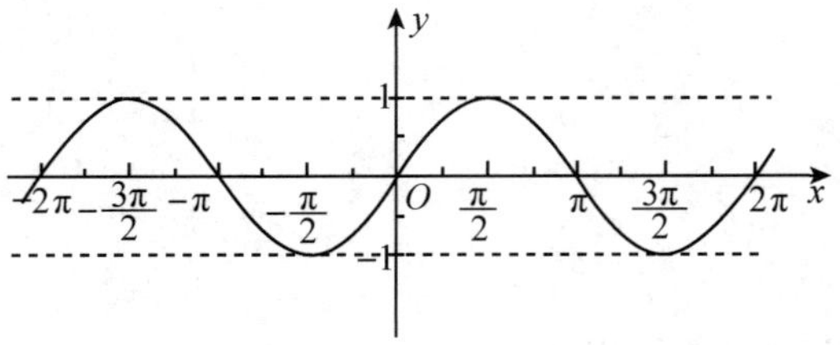

图 5-5

2. 正弦函数 $y=\sin x$ 具有下列性质．

(1)函数的定义域是 **R**，值域是__________；

(2)函数为周期函数，其最小正周期是__________；

(3)函数是__________函数(奇偶性)；

(4)函数的单调递增区间是 $\left[2k\pi-\frac{\pi}{2},\ 2k\pi+\frac{\pi}{2}\right]$，$k\in\mathbf{Z}$；单调递减区间是 $\left[2k\pi+\frac{\pi}{2},\ 2k\pi+\frac{3\pi}{2}\right]$，$k\in\mathbf{Z}$. 其中“$k\in\mathbf{Z}$”容易被忽略．

3. 掌握用“五点法”画正弦函数在 $[0,\ 2\pi]$ 的图像的方法．其中角的值为横坐标，函数值为纵坐标．

运用举例

例 1　已知 $\sin x=\frac{a-1}{2}$，求 a 的取值范围．

分析　由正弦函数的值域范围求解．

解　因为正弦函数 $y=\sin x$ 的值域是 $[-1,\ 1]$，所以 $-1\leqslant\frac{a-1}{2}\leqslant 1$，

化简得 $-2\leqslant a-1\leqslant 2$，

解得 $-1\leqslant a\leqslant 3$.

所以，a 的取值范围是 $\{a\mid -1\leqslant a\leqslant 3\}$.

例 2　已知函数 $y=\sin x+1$.

(1)求函数的最值；

(2)当函数值最大时，求 x 的取值范围．

分析　由正弦函数的图像性质求解．

解　(1)因为正弦函数 $y=\sin x$ 的值域是$[-1,1]$，即$-1\leqslant\sin x\leqslant1$，则有 $0\leqslant\sin x+1\leqslant2$，因此函数的最小值是 0，最大值是 2.

(2)由(1)知，当 $\sin x=1$ 时，函数值最大．

由正弦函数的图像性质得 $x=2k\pi+\dfrac{\pi}{2}$，$k\in\mathbf{Z}$，

所以 x 的取值范围是$\left\{x\,\middle|\,x=2k\pi+\dfrac{\pi}{2},\ k\in\mathbf{Z}\right\}$.

例 3　求函数 $y=\dfrac{1}{\sin x}$的定义域．

分析　由满足函数的解析式运算有意义和正弦函数的图像性质求解．

解　要使函数有意义，必须满足 $\sin x\neq0$，

结合正弦函数的图像性质得 $x\neq k\pi$，$k\in\mathbf{Z}$，

所以函数的定义域是$\{x\mid x\neq k\pi,\ k\in\mathbf{Z}\}$.

同步训练 5.6

改错与反思

水平一

一、选择题

1. 已知正弦函数图像如图所示，下列说法错误的是(　　).

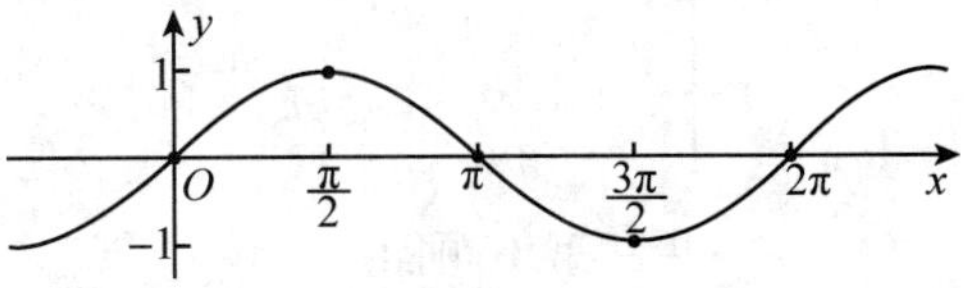

A. 当 $x=\dfrac{\pi}{2}$时，$y=1$　　B. 当 $x=-\dfrac{\pi}{2}$时，$y=1$

C. 当 $x=\dfrac{3\pi}{2}$时，$y=-1$　　D. 当 $x=\pi$ 时，$y=0$

2. 函数 $y=\sin x$ 在$[0,2\pi]$上取得最小值时的 x 是(　　).

A. 0　　B. $\dfrac{\pi}{2}$

C. π　　D. $\dfrac{3\pi}{2}$

3. 函数 $y=2\sin x-1$ 的最小正周期及值域分别是(　　).

A. π；$[-1,3]$　　B. 2π；$[-1,3]$

C. 2π；$[-3,1]$　　D. π；$[-3,1]$

4. 要得到函数 $y=\sin x+3$ 的图像，只需要将函数 $y=\sin x$ 的图像(　　).

A. 向上平移 3 个单位长度

B. 向下平移 3 个单位长度

C. 向左平移 3 个单位长度

D. 向右平移 3 个单位长度

5. 函数 $y=-3\sin x+2$ 的最大值是(　　).

A. -1　　B. 5　　C. 3　　D. -3

二、填空题

1. 函数 $y=2\sin x-3$ 的最小正周期是________，最大值是________.

2. 若 $\sin x=\frac{1}{3}a$，则 a 的取值范围是________.

3. 函数 $y=-\sin x$ 的定义域为________，值域为________.

三、解答题

1. 用“五点法”画函数 $y=\sin x$，$x\in[0, 2\pi]$的图像.

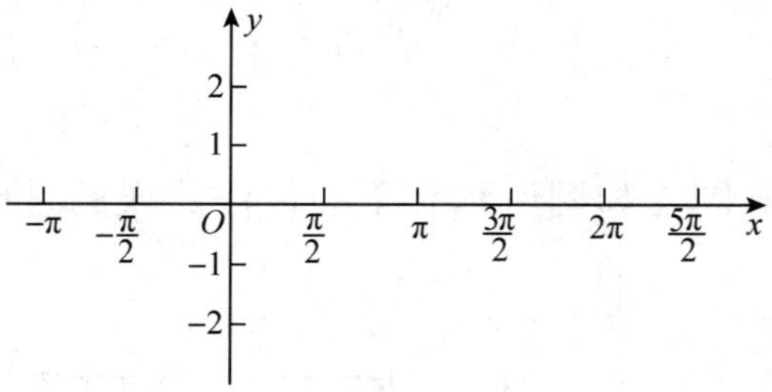

第 1 题图

2. 不求值，比较下列各对正弦值的大小.

(1) $\sin\left(-\frac{3\pi}{8}\right)$ 与 $\sin\frac{\pi}{8}$；　　(2) $\sin\frac{4\pi}{7}$ 与 $\sin\frac{11\pi}{9}$；

(3) $\sin\frac{2\pi}{5}$ 与 $\sin\frac{5\pi}{2}$；　　(4) $\sin\frac{8\pi}{3}$ 与 $\sin\frac{16\pi}{5}$.

3. 若 $\sin x=\frac{-a+1}{5}$，求 a 的取值范围．

水平二

1. 用“五点法”画函数 $y=2\sin x$，$x\in[0,\ 2\pi]$的图像．

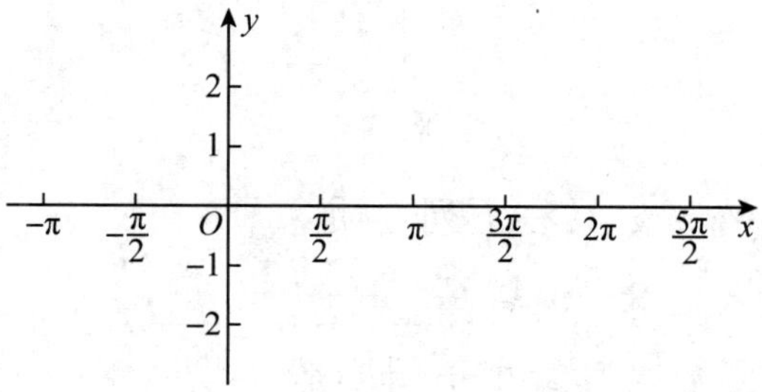

第 1 题图

2. 求下列函数的值域，当函数值最大或最小时，分别求 x 的值．

(1) $y=-\frac{1}{3}\sin x$；　　　(2) $y=3\sin x-2$.

3. 求函数 $y=\sqrt{\sin x-\frac{1}{2}}$ 的定义域．

笔　记

5.7　余弦函数的图像和性质

知识要点

1. 余弦函数 $y=\cos x$ 的图像如图 5-6 所示．

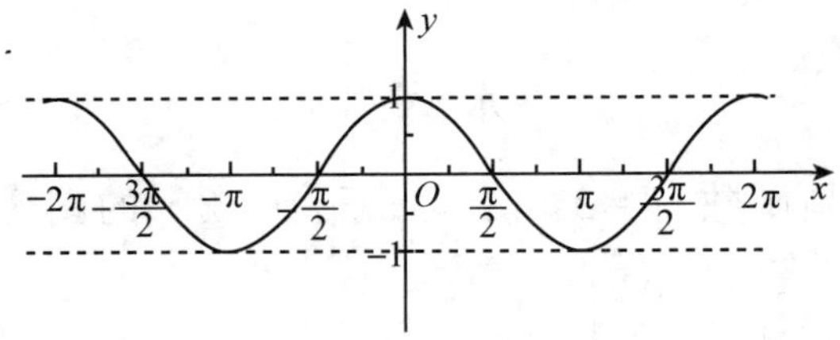

图 5-6

2. 余弦函数 $y=\cos x$ 具有下列性质．

(1)函数的定义域是 $\mathbf{R}$，值域是__________；

(2)函数为周期函数，其最小正周期是__________；

(3)函数是__________函数(奇偶性)；

(4)函数的单调递减区间是 $[2k\pi,\ 2k\pi+\pi]$，$k\in\mathbf{Z}$；单调递增区间是 $[2k\pi+\pi,\ 2k\pi+2\pi]$，$k\in\mathbf{Z}$. 其中"$k\in\mathbf{Z}$"容易被忽略．

3. 掌握用"五点法"画余弦函数在区间 $[0,\ 2\pi]$ 的图像的方法．

运用举例

例 1　已知函数 $y=\cos x-2$.

(1)求函数的最值；

(2)当函数值最大时，求 x 的取值范围．

分析　由余弦函数的图像性质求解．

解　(1)因为余弦函数 $y=\cos x$ 的值域是 $[-1,\ 1]$，即 $-1\leqslant\cos x\leqslant 1$，所以 $-3\leqslant\cos x-2\leqslant-1$，因此函数的最小值是 -3，最大值是 -1.

(2)由(1)知，当 $\cos x=1$ 时，函数值最大．由余弦函数的图像性质得 $x=2k\pi$，$k\in\mathbf{Z}$，所以 x 的取值范围是 $\{x\mid x=2k\pi,\ k\in\mathbf{Z}\}$.

例 2　不求值，比较下列各对余弦值的大小．

(1) $\cos\frac{13\pi}{12}$ 与 $\cos\frac{17\pi}{12}$；　(2) $\cos\left(-\frac{2\pi}{5}\right)$ 与 $\cos\frac{\pi}{5}$.

分析　借助余弦函数的单调性求解．

解　(1)因为函数 $y=\cos x$ 在区间 $[\pi,\ 2\pi]$ 上是增函数，且 $\pi<\frac{13\pi}{12}<$

$\frac{17\pi}{12}<2\pi$，所以 $\cos\frac{13\pi}{12}<\cos\frac{17\pi}{12}$.

(2)因为 $\cos\left(-\frac{2\pi}{5}\right)=\cos\frac{2\pi}{5}$，又因为函数 $y=\cos x$ 在区间 $[0, \pi]$ 上是减函数，且 $0<\frac{\pi}{5}<\frac{2\pi}{5}<\pi$，所以 $\cos\left(-\frac{2\pi}{5}\right)<\cos\frac{\pi}{5}$.

同步训练 5.7

改错与反思

水平一

一、选择题

1. 函数 $y=\cos x$ 的图像不经过的点是(　　).

A. $(0, 1)$　　B. $\left(\frac{\pi}{2}, 1\right)$

C. $(\pi, -1)$　　D. $\left(\frac{3\pi}{2}, 0\right)$

2. 函数 $y=\cos x$ 在区间 $[0, 2\pi)$ 上取得最大值时，x 的取值是(　　).

A. $\frac{\pi}{2}$　　B. 0　　C. π　　D. $\frac{3\pi}{2}$

3. 下列函数中，最小值是 -2 的是(　　).

A. $y=2\cos x$　　B. $y=3\cos x-1$

C. $y=\cos x+1$　　D. $y=\frac{1}{2}\cos x$

4. 下列函数的图像经过点 $(0, 1)$ 的是(　　).

A. $y=\sin x$　　B. $y=-\sin x$

C. $y=\cos x$　　D. $y=-\cos x$

5. 在下列区间上，$y=\cos x$ 为减函数，且 $y=\sin x$ 为增函数的是(　　).

A. $\left(0, \frac{\pi}{2}\right)$　　B. $\left(\frac{\pi}{2}, \pi\right)$

C. $\left(\pi, \frac{3\pi}{2}\right)$　　D. $\left(\frac{3\pi}{2}, 2\pi\right)$

二、填空题

1. 若 $\cos x=3m$，则 m 的取值范围是__________.

2. 函数 $y=-\cos x+2$ 的最大值是__________.

三、解答题

1. 用“五点法”画函数 $y=\cos x$，$x\in[0, 2\pi]$的图像．

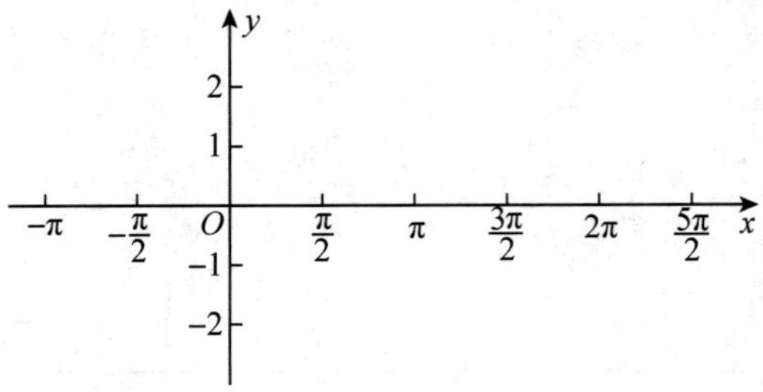

第 1 题图

2. 不求值，比较下列各对余弦值的大小．

(1) $\cos\dfrac{5\pi}{7}$与$\cos\dfrac{4\pi}{7}$；　　(2) $\cos\left(-\dfrac{2\pi}{13}\right)$与$\cos\left(-\dfrac{4\pi}{13}\right)$.

3. 已知函数 $y=3\cos x-1$.

(1)求函数的值域；

(2)当函数值最大或最小时，分别求 x 的值．

水平二

1. 求函数 $y=\dfrac{1}{\cos x+1}$的定义域．

2. 已知函数 $y=a+b\cos x(b<0)$ 的最大值为 $\frac{4}{3}$，最小值是 $-\frac{1}{3}$，求 a，b 的值.

3. 用“五点法”画出函数 $y=\cos\left(x-\frac{\pi}{2}\right)$，$x\in[0,2\pi]$ 的图像.

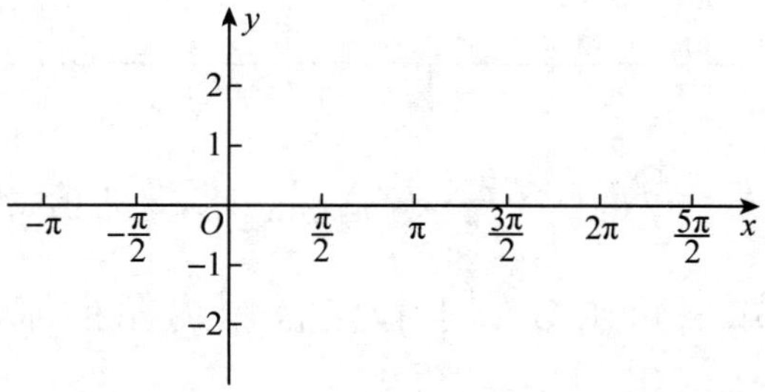

第 3 题图

5.8　已知三角函数值，求指定范围的角

笔　记

知识要点

已知三角函数值 $f(x)=a(-1\leqslant a\leqslant 1)$，求给定范围的角 x，其基本步骤如下．

(1)根据已知三角函数值 a 的符号，判定角 x 所在的象限；

(2)求出满足三角函数 $f(x')=|a|$ 的锐角 x'；

(3)根据角 x 所在的象限和诱导公式，写出满足题目给定范围的 x 值．

运用举例

例 1　已知 $\sin x=\frac{1}{2}$，且 $x\in[0,\ 2\pi]$，求 x 的值．

分析　根据已知三角函数值求指定范围内角的基本步骤，首先根据 $\sin x=\frac{1}{2}$ 判断角 x 所在的象限，再求出对应的锐角，最后根据角 x 所在的象限和诱导公式求出指定范围的角．

解　因为 $\sin x=\frac{1}{2}>0$，所以 x 是第一或第二象限角．

满足 $\sin x=\frac{1}{2}$ 的锐角是 $x=\frac{\pi}{6}$，

当 x 是第一象限角时，$x=\frac{\pi}{6}$，

当 x 是第二象限角时，因为 $\sin\left(\pi-\frac{\pi}{6}\right)=\sin\frac{\pi}{6}=\frac{1}{2}$，所以 $x=\pi-\frac{\pi}{6}=\frac{5\pi}{6}$，

所以 $x=\frac{\pi}{6}$ 或 $\frac{5\pi}{6}$．

例 2　已知 $\sin x=-0.857\ 2$，$x\in[0,\ 2\pi]$，求 α 的值．(精确到 0.000 1)

分析　因为 $\sin x=-0.857\ 2<0$，在 $[0,\ 2\pi]$ 范围内有 2 个 x 值满足条件，它们分别位于第三象限和第四象限．可用科学计算器先求出 $\sin x=0.857\ 2$ 所对应的锐角，再利用诱导公式求出指定范围的角．

解　先将科学计算器精确度设置为 0.000 1，再将科学计算器设置为弧

度计算模式，然后依次按键：

结果显示：

即 $\sin 1.029\ 8=0.857\ 2$，可知满足 $\sin\alpha=0.857\ 2$ 的锐角 $\alpha\approx 1.029\ 8(\text{rad})$.

所以，当 x 是第三象限角时，$x=\pi+1.029\ 8\approx 4.171\ 4$，

当 x 是第四象限角时，$x=2\pi-1.029\ 8\approx 5.253\ 4$，

所以 $x=4.171\ 4$ 或 $5.253\ 4$.

同步训练 5.8

改错与反思

水平一

一、选择题

1. 已知 $\sin\alpha=\dfrac{\sqrt{3}}{2}$，且 $\alpha\in\left[0,\ \dfrac{\pi}{2}\right]$，则 $\alpha=($　　$)$.

A. $\dfrac{\pi}{6}$　　B. $\dfrac{\pi}{3}$　　C. $-\dfrac{\pi}{6}$　　D. $-\dfrac{\pi}{3}$

2. 已知 $\cos\alpha=\dfrac{\sqrt{2}}{2}$，且 $\alpha\in[0,\ \pi]$，则 $\alpha=($　　$)$.

A. $\dfrac{\pi}{4}$　　B. $-\dfrac{\pi}{4}$　　C. $\dfrac{\pi}{6}$　　D. $\dfrac{\pi}{3}$

3. 已知 $\sin\alpha=-\dfrac{1}{2}$，且 $\alpha\in[0,\ 2\pi]$，则 $\alpha=($　　$)$.

A. $-\dfrac{\pi}{6}$　　B. $\dfrac{7\pi}{6}$　　C. $\dfrac{7\pi}{6}$或$\dfrac{11\pi}{6}$　　D. $-\dfrac{\pi}{6}$或$\dfrac{7\pi}{6}$

4. 已知 $\cos\alpha=\dfrac{\sqrt{3}}{2}$，且 $\alpha\in[-\pi,\ \pi]$，则 $\alpha=($　　$)$.

A. $-\dfrac{\pi}{6}$　　B. $\dfrac{\pi}{6}$　　C. $\dfrac{7\pi}{6}$或$-\dfrac{7\pi}{6}$　　D. $-\dfrac{5\pi}{6}$或$\dfrac{5\pi}{6}$

二、填空题

1. 已知 $\cos\alpha=\dfrac{1}{2}$，且 $\alpha\in[0,\ 2\pi]$，则 $\alpha=$__________.

2. 已知 $\tan\alpha=-\dfrac{\sqrt{3}}{3}$，且 $\alpha\in[0,\ 2\pi]$，则 $\alpha=$__________.

三、解答题

1. 已知 $\sin x=-\frac{\sqrt{2}}{2}$，求 0°～360°范围内的角 x.

2. 已知 $\tan x=1$，求$[0, 2\pi]$上的角 x.

水平二

1. 已知 $\cos(\pi-x)=-\frac{1}{2}$，$x\in[0, 2\pi]$，求满足条件的角 x 的集合 .

2. 借助科学计算器，求下列指定范围的角 .(精确到 0.001)

(1)$\sin\alpha=\frac{1}{2}$，$\alpha\in\left[-\frac{\pi}{2}, \frac{\pi}{2}\right]$；

(2)$\cos\alpha=-0.721$，$0°\leqslant\alpha\leqslant360°$.